台大第一名也會被fired？

轉念翻身的智慧

盧燕俐 著

PART 1 天啊，從沒想到我會失業！

PART 2 每一次絕處，都醞釀下一次新生

目錄
contents

PART 4 讓資產倍增的神奇力量

PART 1

天啊，從沒想到我會失業！

第一名畢業也會被fired！

鬥志決定事業高度

找到三位可以相助的貴人

最好的防守是主動出擊

賣冰要在冬天賣

第一名畢業也會被fired！

人生從雲端跌到谷底

我永遠記得那一天，二○○八年十月二十八日，職場生涯中最挫敗的一天，讓我的人生從雲端跌到谷底。

前一天傍晚，老闆把我叫進辦公室，一反平日的威嚴，說起話來吞吞吐吐：「燕俐，妳知道的……股市跌這麼多，公司業績大受影響……編輯部的人事成本不低，我想調整薪資計算方式，不給底薪，改成稿費制，妳覺得如何？」

身爲部門主管，腦中浮現出同事們一張張年輕的臉龐，有人剛買了新房，每月有沉重的房貸負擔；有的則剛結婚，正需要養家。短暫沉思後，我爲難的說：「報告社長，我覺得同事們可能無法接受，因爲收入差距實在太大了！」老闆要我別急著給答案，先問問同仁的想法，也許有人願意點頭。

果不其然，獲知這樣的「新制」之後，大家在驚慌之餘，也拜託我極力幫忙爭取，不要讓經濟立刻陷入困境。很可惜，當日一早溝通無效，老闆表明：「很抱歉，我不想再耽誤你們的前途，記得待會去跟會計請領資遣費。」當下我便明白，什麼都無法挽救了……

回到座位打包的那一刻，我還是無法相信——我居然被fired了！工作十多年來，在同學眼中平步青雲，擁有女強人架勢的我，向來只有主動fired老闆、跳槽到別家企業的份，從沒想過，居然有一天也會淪爲「失業一族」。

消息很快就傳開來，別部門的同事和主管，紛紛來安慰我，幾個年輕美眉眼眶早已泛紅，原以爲能揮揮衣袖瀟灑的走，眼淚卻也不爭氣的留了下來。淚滴落在剛出爐的雜誌，也落在我的採訪筆記本上，更落在每一處曾有我身影的角落……

坐在計程車上，我失魂落魄，想起整個過程，不停自問：「怎麼會是我？我到底犯了什麼錯？我眞的有那麼糟糕嗎？」彷彿得到癌症的病患，來不及去想明天，只想弄清楚事情到底是怎麼發生的。

猶記得，過去幾年老闆向我招手數次，這回好不容易願意「回鍋」，卻待不到兩個月，還未發揮領導績效，就被迫走人；猶記得二〇〇七年景氣大好時，先後有四家公司向我挖角，我一度以爲，只要繼續奮鬥，必能在媒體界有一番作爲；猶記得，跑線多年，台股一千多家上市櫃公司，我拜訪了近四百家，所累積的人脈和專業知識，讓我自以爲很有競爭力。

更別提，我還得過「花旗新聞獎」，就算稱不上是新聞界的頂尖人才，起碼作品也受到相當的肯定。我反覆思考：何以我的人生就在一夕之間變了調，以往的努力全化爲灰燼？我是純粹運氣不好，被金融風暴「掃」到，還是過去的運氣太好，一路順遂，其實我的實力沒那麼堅強？

我保證這輩子不會fired妳

所有的問題還沒釐清，到了家，一看到老公，委屈的眼淚又奪眶而出，像是堤防潰決，整整哭了半小時。老公拿出平日講冷笑話的功力，不停的安撫我：「沒關係啦，被老闆fired有什麼了不起；重要的是，妳不會被我fired就好了啊！我保證，不只這輩子不會fired妳，就連下輩子和下下輩子也都不會fired妳！」終於讓我破涕爲笑。

失業後兩天，我按照原定計畫，和朋友去日月潭旅遊，也把關機兩天的手機打了開來。一封封留言和簡訊，代表著一張張熟悉臉孔的鼓舞，溫暖我的內心。其中，一封半開玩笑的簡訊，直刺我的尊嚴，內容是這樣的：「燕俐，像妳這種台大第一名畢業的居然也會失業，我很擔心妳會想不開，希望妳不會做出什麼傻事。」

頓時，我才恍然大悟，多年來的好勝，已武裝成一面堅硬的盾牌，小心呵護著敏感易碎的心靈。回到飯店，看著落地窗外澄黃的夕陽，突然有種「時不我與」之感，所謂「爬得越快，也就摔得越重」，爲了盡速當上主管，加班熬夜從無怨言，卻犧牲了和家人相處的時光，也失去了孕育下一代的黃金歲月。

因此，我告訴自己：「一切都是最好的安排！」藉由這次失業，看到自己徬徨無助的一面，了解世事變化莫測，平凡如我，無法主宰命運，唯有懂得學習接受和放下，才能讓心靈獲得釋放。

104人力銀行行銷總監邱文仁是我的好姐妹，知道我失業後，數次鼓勵我：「燕俐，妳可能不相信，在美國西雅圖，一生職涯中被資遣一、兩次，非常稀鬆平常；妳要正面看待失業所帶來的正面力量，妳的人生一定會更好！」

是的，我相信，凡事都有正反兩面的意義。失業的瞬間，我驚慌、懷疑自己的能力，更擔心未來，不知下一步該何去何從；但同時，我也嘗到了甜如蜜的親情和友情，由此交織成牢固的保護網，讓我不掉入慌亂無助的深淵。

失業真的不丟臉

失業之後，我決定創業，開了間小小的公司，雖然一路走來跌跌撞撞，常被客戶拒絕，也沒把握下半輩子的人生一定會更美好；但我廣伸觸角，在電視、廣播和雜誌各媒體積極耕耘，珍惜每一次的通告和提案機會，看到了多元的自己，更期待將來的種種可能性。

前花旗集團董事總經理和首席分析師楊應超，也曾有過裁員和減薪的經驗，他曾在專欄中提到：「如果不是在一九九九年被ＥＤＳ（世界第二大資訊服務商，二〇〇八年被惠普併購）解聘，也不會有後來歷經法國巴黎銀行、高盛、瑞士信貸和花旗集團，長達九年擔任分析師的絕佳工作歷練。」

所以，誰說失業完全等同於陷入絕境，相反的，失業可能是另一個跳板，讓你過去所累積的職場能量，得以重新轉化，跨入一個嶄新的領域；就算暫時沒有找到新的舞台，失業期間也能讓人沉潛，思考不足之處並加以補強，重新出發後，就有機會再度發光發熱。

人一生的成就，恐怕要到蓋棺論定的那一刻，才有具體的結論，而在抵達終點站之前，失業就好比下站換車，搭上另一條支線，也許內心焦慮不安，但不妨換一種心情，欣賞窗外不同的景色，等重回正軌時，你將帶著衆人的祝福，繼續未完成的旅程。

在我看來，失業絕非被判了死刑，人生也不盡然從彩色變黑白，比較可怕的是，失去職場目標的人，任由旁人再怎麼鼓勵，也無法走出失志的迷宮，最後衍生出一連串的家庭問題和社會問題。

如果你或你的親朋好友正面臨失業，協助他走出失志的迷宮，正是當務之急。看到我從雲端摔下的例子，就知道失業眞的不丟臉，因爲人生就像跑馬拉松，途中跌倒了，立即爬起，還是有迎頭趕上的機會，甚至還能反敗爲勝！

失業後一週必做的三件事

被資遣後的心情五味雜陳，短期內工作又難尋，勢必造成家庭或婚姻關係的緊張。我建議失業後的一周內，一定要做好以下三件事：

1. **搞懂家庭的財務狀況**：在缺乏收入的情況下，還有多少現金可以做為後盾應急，如果現金不夠，是否還有其他資產可以變賣；萬一連存款和資產都沒有，是否還有其他可借款的管道？免得坐吃山空，日子越來越難過。

2. **記得去請領失業給付**：根據規定，失業給付的金額，是以離職退保前六個月平均月投保薪資的六成來計算，最多可以請領半年。以現行最高投保薪資四萬三千九百元來說，每月可領兩萬六千三百四十元，也算不無小補。

3. **維持規律的生活**：很多人失業後過著白天夜晚顛倒的生活，殊不知，失業期間正是積蓄專業知識和體力的最好時機，無論是想多學才藝、考證照，或者在家閱讀各式書籍，都需要自我紀律，為重返職場提早做好準備。

鬥志決定事業高度

失業但不能失志

有一回接受談話性節目《新聞挖挖哇》邀請，討論「失業不失志」的主題。當天四位來賓，包括我、財經專家許啓智、政治評論者鍾年晃，以及104人力銀行行銷總監邱文仁，都有失業的慘痛經驗。

年晃回憶著說，當接到報社臨時叫他回去開會的電話，他就有不祥預感，果然，短短幾分鐘的溝通後，他就丟了工作。整個過程他失神落魄，連後來要去停車場取車回家，也想不起來車子究竟停在哪裡。

失業後，他先在家當起水電工，幫忙修理家中的水管、燈泡，也把厚厚的法文版《悲慘世界》讀完，總算一圓當年法文系畢業的美夢。後來，覺得不能繼續窩在家裡，便開始專心接通告，憑著敏銳的政治觀察，成了當紅的名嘴。

啓智的狀況也類似：公司人力縮編，他只好回家吃自己。起初也不知下一步該如何走，就先到大陸探尋商機，回台後不久，出版社派人來問他有沒有興趣寫一本股票投資入門書，原本他心想：「入門書有誰要看？」就抱著姑且一試的心態，沒想到，一上市就賣了三萬多本，帶進一筆不小的版稅收入。

文仁的故事就更精采了，她說年輕時頻換工作，讓她覺得十分愧對父母的栽培，出國念書拿了兩個學位、花了大約兩百多萬，竟落得旁人眼中「沒有定性、找不到適合工作」的下場。爲了解開謎底，她開始研究紫微斗數，發現自己的工作運勢會越來越好，一切的苦悶和不愉快終究會過去，一定要想辦法熬過。

從此之後，無論長官再怎麼刁難，或工作再怎麼繁瑣，她都忍下來，並不停對自己信心喊話：「明天一定會更好！」直到104招募新人，她心生嚮往，也被順利錄取，一待就待了十年，成爲目前最搶手的職場專家。

鬥志比專業知識還重要

坦白說，我們四人在面臨失業的那一剎那，沒有人具備「先知」的能力，明白往後的路該怎麼走，更不確定將來會發生什麼事。我們唯一確認的是，失業之後絕對不能失志，因爲一旦失去了鬥志，就等於將機會拒絕在門外，自我斷送前程。

鬥志不僅是一種信念，還是人生態度。採訪過那麼多逆轉勝的案例，我發現，鬥志的強弱，會決定一個人的事業高度。鬥志是比專業知識還重要的武器，少了它，出師未捷身先死，連戰場都不用上，直接嘔死在家中。

有個朋友比我早失業半年，離開原本服務的電子公司之後，意志就非常消沉，再加上投資股票失利，套牢了好幾百萬元，一直感嘆「老天爺很不公平」「運氣怎麼這麼背」，遞出幾份履歷就算有回音，薪資與福利也和原先服務的企業有不小落差，他不願委屈，太太嫌他「眼高手低」，兩人的口角與日俱增……

最後一次見到這位朋友，他已經罹患憂鬱症，看什麼事都不順眼，也覺得國家、親戚、朋友虧欠他太多，更重要的是，他已不再相信自己的能力，常把「像我這樣的廢人，沒有公司敢雇用，還不如去撿破爛比較實在」掛在嘴邊，太太賭氣叫他眞的去撿破爛，他卻回以：「妳有沒有良心啊？我是留美碩士耶，怎麼可以做這種髒兮兮的工作？」整天吵個不停，婚姻也亮起紅燈。

我認爲，他靈魂被賣給了面子和尊嚴，以至於無法認清現實，日積月累之後，隨著社會所給予的負面評價，逐漸懷疑起自己，偏偏又不願低頭求援，只能活在「否定自己」的黑暗洞穴裡。

發明大王愛迪生，就是因爲戰鬥力十足，對人類社會做出了莫大的貢獻。他在嘗試改進燈絲時，屢遭失敗，有人問他：「你記得你究竟失敗了幾次才成功嗎？」未料，他的答案居然是：「我從沒失敗過，我只是發現了很多材料不適合做燈絲！」這種不把失敗當失敗、從中檢討再戰的態度，才是擁抱最後勝利的關鍵。

比賽還沒結束

我在媒體界工作十多年，也遇到許多挫折，包括：漏掉重大新聞、遭人惡意中傷、零售量不如預期等等，可是，每每想起一個重要畫面，就會提醒自己：「比賽還沒結束，怎能輕言放棄？」

那時，我還是個菜鳥記者，被派到泰國採訪一場國際級的高球賽。在如雲的高手中，老虎伍茲備受矚目，衆人都期待他有超水準的演出。可惜，前三天他手感不佳，一路墊底，少數媒體還以「閃亮新星即將殞落」來調侃。

不過，老虎就是老虎，不輕易低頭。第四天，他帶著滿滿的鬥志上場，一下是射下小鳥（比標準桿少一桿），一下又抓下老鷹（比標準桿少兩桿），逐步縮小和領先者的差距。拚完最後一洞，兩人竟然平手，比賽被迫進入延長賽，只見老虎伍茲凝神揮桿，幾乎每一個球都落在完美的位置，最後逆轉封王。

賽後，記者們七嘴八舌問他致勝的祕訣，老虎伍茲只給了一個簡單的回答：「我就是相信自己，我從不懷疑任何獲勝的可能性！」試想：如果他不對自己有信心，何能心神專注，測風向、測距離，揮出最精準的每一球？

這個經典的畫面深植我腦中，日後遇到困難，都不停的自我激勵：「一定要相信自己，你一定可以做到！人生的光榮，不在永不失敗，而在於能夠愈戰愈勇，化不可能爲可能！」

不要嘆氣，要有信心

在我周遭，有些親友一遇到麻煩，就不自主的唉聲嘆氣，嘆到連我都覺得煩，這時，我就會苦口婆心的說：「千萬不要再嘆氣了，再嘆只會把好運和財神爺給嚇跑，一定要對自己有信心，如果連你對自己都失去信心，請問你的主管、客戶、親友又怎麼會對你產生信心呢？」

我始終相信，萎靡不振的態度，只會讓人畫地自限，看不到灰暗的雲雨過後，必有繽紛的彩虹出現；相反的，昂揚的鬥志帶來無數的希望，即使身處狂風暴雨，也會挺住身子迎接曙光的來臨。纏鬥力越強，不把失業當失業，終有一天會走出屬於自己的康莊大道。

短期內找不到工作，該怎麼辦？

如果短期內找不到工作，經濟壓力又很大，不妨試試下列短期工作，為將來的正職做好準備。

1. **派遣**：根據人力銀行統計，目前每天約有一萬多筆的派遣職缺在網路上徵才，尤以金融保險業和業務貿易需求最強，有興趣者可多比較。
2. **接案**：坊間不少接案機會，舉凡文案、網頁設計、寫電腦程式等等，皆有相關的需求，接案前多打聽合理的價格，才不會被剝削。
3. **充當跑腿幫**：跑腿幫按時或按件計酬，任務包羅萬象，像是：在大賣場發傳單、代為排隊購物、提醒老人家吃藥等等，雖然案件較不固定，卻也是增加短期收入的一種管道。

找到三位可以相助的貴人

把人脈化為錢脈

「人脈是最重要的資產！」這句話一點也不假，無論是在失業期間，或想轉換跑道，若有豐沛的人脈可以善用，常常只要一通電話，就比別人多了些機會，順利把人脈化爲錢脈。

人脈到底有多重要？看看科學數據。根據美國喬治亞大學的史坦利教授，針對兩千位百萬美元富翁所做的調查發現，大規模的人際網絡，是這些富翁的共同特色，而且更重要的是，他們不僅僅是社交圈廣大，還能進一步分辨哪些人願意提供協助，達到互相提攜的效果，像是交換訊息、合作生意等等。

換句話說，富人們不只懂得建立人脈，還有敏銳的嗅覺，足以管理人脈，遇到任何突發狀況，都能立刻搜索名單，找到適合的朋友幫忙，讓問題迎刃而解，甚至帶進財富。

我的資產狀況還稱不上是富人，只能說比起普通上班族是「比上不足、比下有餘」，但過去在業界所累積的人脈，確實有助於工作表現，也使我失業沒幾天，案子源源不絕，忙碌的程度和收入不輸於一份正職。

當圈內好友獲知我丟了工作，一方面替我難過，另一方面，也把可以外包的稿子或文件讓我處理。還有之前曾採訪過的企業家，也問我有沒有興趣去擔任公關或發言人；在保險公司擔任主管的學姐，也挑明了說：「不然妳先來受訓，領個五萬元的底薪，錢到手之後，妳再說另有其他生涯規畫，可以快速走人。」

這些擔心我餓死的朋友，給了我許多短期和中期的賺錢機會，讓我深刻明瞭：原來昔日一點一滴存下的「人脈存摺」，在最關鍵的時刻，發揮了明顯的功能，一個個先後扮演起「財神爺」，化為我銀行戶頭裡的存款。

牛鬼蛇神敬而遠之

因為媒體業的特殊身分，要結交朋友一點都不困難，但哪些是值得深交的朋友，哪些又是心懷鬼胎的惡人，就需要智慧和經驗來判斷。記得曾有一次，專訪一位投顧公司負責人，談完對台股的看法之後，他邀約下周一起吃飯，再順便介紹幾個朋友給我認識。

記者跑新聞最需要的就是人脈，二話不說，我立即點頭。當天赴約坐下來後才發現，同桌賓客有幾位氣質「怪怪的」，但基於禮貌，我還是坐到最後一刻。臨走前，這位投顧負責人用極爲友善口吻說：「盧小姐，剛剛我們跟妳推薦的幾檔股票，麻煩妳在媒體上多多美言。」並拿出一份牛皮紙袋，再三強調：「裡面有很重要的資料，妳回去後要仔細閱讀，對妳下筆很有幫助。」

回到公司，想起有這份資料可以參考，我就一頁一頁翻閱，這下不得了，每翻兩頁，就有兩千元掉下來，越翻錢越多，我乾脆直接把整份資料用力抖，結果總共掉下五萬元。

這可不是「賄賂」嗎?想起他所說的：「對妳下筆很有幫助！」再對照一下這群人所介紹的中小型股票，我恍然大悟：他想利用我寫報導倒貨給散戶！難怪要塞錢給我。

偏偏我有「道德潔癖」，立刻把錢用雙掛號寄回，隨信附上一張卡片：「X

董，謝謝您的愛戴，您所提供的五萬元比較適合捐給慈善機構。」此後，對方認爲我「不上道」，沒有合作空間，我則是把這位投顧界重要人士列爲拒絕往來戶，從受訪名單裡刪除。

類似這種「牛鬼蛇神」，我一定設法敬而遠之，因爲這種損友雖然會帶來財富，但卻是建築在別人的痛苦上，違背了我的個性和所受的專業教育。另外，有些朋友表面上看可能不會有合作關係，但只要品行端正，在所屬領域學有專精，就值得交往。

朋友要用心經營

我的衆多好友裡，有位是廣告界的鬼才。得知我失業後，他立刻動用人脈，幫我爭取主持一個廣播節目，儘管後來緣分未到，我和主持棒擦身而過，但朋友的熱情讓我銘感五內。

幾個月後，神奇的事情發生了。因爲朋友的牽線，電台總經理對我印象不錯，剛好規畫一個理財新單元，問我有沒有興趣合作，我爽快答應，也沒有刻意要求高額報酬，就順利成了固定來賓。這樣的結果，是當初始料未及的。

看待友情，我並不相信「君子之交淡如水」，反而是越値得深交的朋友，越要用心經營，讓他感到你的誠意。而眞誠不見得要用金錢來表示，有時是一通簡訊，有時是一張卡片，有時是順手買來的飲料，都能溫暖對方的心。

我常以爲，結交好的朋友，就好比把玩迴力鏢，你用多少力量丟擲出去，最後它就會以多少力量回饋。當我們陷入困境時，若期望朋友能伸出支援的雙手，就不應在朋友有難時，吝於提出協助。

俗諺：「該怎麼收穫，就要懂得怎麼栽。」想要有雄厚的人脈，平日就得廣結善緣。依我觀察，一個人的身邊至少要有三位以上的貴人，才足以處理各種難關。而這三位貴人有的提供資金，有的提供策略和創意，有的則賦予勇氣和鼓勵，分別扮演不同的角色，發揮「團結力量大」的功效。

把百分之五的貴人找出來

談到管理人脈，金氏世界紀錄銷售保持人，也就是平均每天銷售六輛汽車的喬．吉拉德，提出了一套很有意思的心法。他說，每個人大約都有兩百五十位朋友，其中的八成對你毫無幫助，只有兩成會給你正面的影響，而只有百分之五會積極協助你，改變你的一生！

因此，他認為，每個人都應該設法把那百分之五的貴人找出來，並且跟緊他，把八成的時間跟這些貴人相處，將會獲得難以想像的寶藏。

你已經找到那百分之五的貴人了嗎？如果還沒有，千萬不要洩氣，一切都還來得及，就怕你不願行動；如果已經找到了，恭喜你，因為你離成功已經不遠。

從喝咖啡拓展人脈三要點

「我的社交圈很狹隘，無法結交新的朋友。」「我很害羞，又不敢參加社團，該如何是好？」想拓展人脈，真的沒那麼難，就從邀請朋友喝咖啡開始吧。

1. **每月編列喝咖啡預算**：每月固定邀約只見過一次面的，或者很久不見的朋友，藉由喝咖啡、聊是非，不僅能掌握業界最新動態，也能促進情誼，增加彼此的熟悉度。

2. **挑選燈光美、氣氛佳的咖啡廳**：根據心理學家研究，在裝潢好、氣氛佳的餐廳裡喝咖啡，易於卸下心房，若恰巧有事求助於較陌生的朋友，不妨先從「咖啡之約」做起。

3. **用人脈滾人脈**：請喝咖啡的花費不若請吃大餐，想多認識新朋友，可以在經濟能力許可的情況下，請朋友帶來幾位新朋友，人脈圈自然越滾越大。

最好的防守是主動出擊

主動出擊，尋找生機

在失業率節節高漲的年代，無論是失業者，或想轉換跑道者，都紛紛大嘆：「工作難尋啊！」但工作眞的有那麼難找嗎？看看以下幾個例子，你會發現，眞的是「謀事在人，成事在天」，與其呆呆的等候通知，不如主動出擊，尋找生機。

聯電榮譽副董事長宣明智現在雖貴爲電子業大老，但回憶起就業歷程，不禁開玩笑說：「我也是從小弟做起！」記得一九七五年，他剛從軍中退役，偏偏遇上石油危機，周遭朋友都在擔心失業問題，但卻絲毫不影響他的信心。

原來，他在退伍前兩個月，就針對全台和所讀科系相關的企業，寄出五百封求職函，無論公司有無人力需求，全都毛遂自薦。結果，四百封石沉大海，有一百封有回應，其中又有三分之二表示：「目前不缺人，感謝來函。」儘管只有三分之一要徵人，卻也代表他有三十個工作機會，可以在退伍後立即上班。

宣明智還說，找工作不一定得鎖定本科系所學，只要興趣相符，或已有相關專長，學非所用也無妨，畢竟實力比文憑還重要；特別是景氣越差時，臉皮要越厚、不怕被拒絕，即便是臨時工，也不要放棄。

聽完宣明智的故事，不禁回想起我自己的情況。還在就讀政大新聞所時，很幸運的，我就以建教合作生的方式，考進當時許多新聞學子心中的第一志願——《聯合報》。在報社待了將近三年，卻十分嚮往可以深入討論單一議題的雜誌作業型態，幾經思索，決定轉換跑道。

跨出成功的第一步

但問題來了，我在雜誌界的人脈不深，且從體育組轉調財經組不到兩個月，想要順利跨入專業的財經雜誌，難度並不低。在無計可施的情況下，只好放手一搏，針對兩家我非常傾心的雜誌社，主動寄出自傳、履歷和作品，並說明加入公司後能帶來何種效益。

也許是心想事成，很快的，我就獲得面試機會。我記憶猶新，其中一位媒體負責人特別出了一道考題：「目前爲止，妳這輩子遇到最大的挫折是什麼？又如何去克服？」

我簡短回答：「從小家境就不富裕，國中畢業就必須開始打工，嘗遍人生百態，所以，對於有一份穩定的收入，我向來心存感激，工作上若遇到什麼難題，也都不覺得是難題，只要想辦法解決，就會感到職場上有所突破。如果硬要問人生最大的挫折，那就是結婚沒多久，就遇到九二一大地震，把我婆家的房子給震垮了，我沒有新嫁娘的喜悅，只有滿腹的擔憂……」

才說到一半，這位負責人瞪大了眼，急著問：「這麼慘喔？」然後，我接著說：「房子在重蓋的那一年，我每次回婆家，都只能睡帳篷，也必須拿出一部分的積蓄，作爲重建基金。但我告訴自己，連這麼倒楣的天災我都遇到，而且還慢慢走過來，日後什麼困難都難不倒我了！」

說完沒多久，對方就直接說：「那好吧，看妳這麼有鬥志，明天就來上班！」當然，那時我還在報社服務，無法隔天就離職，但接到這麼迅速的邀請，我欣喜若狂，知道自己已經跨出成功的第一步。

由於種種因素，後來我選擇了另外一家雜誌社，但這次經驗給了我很大的啓發，那就是：天上不會直接掉下禮物，想要有所收穫，一定得做好準備，再主動出擊；就好比打棒球，防守和出擊雖然同等重要，但厲害的防守最多是不讓對手上壘，相反的，精準的出擊才是得分之鑰，也才是獲勝的關鍵。

因此，我認爲，與其費盡心思討好主管，避免裁員、減薪落在自己的頭上，或者庸庸碌碌的隨手寄了一堆履歷，祈求被某家企業幸運的挑中，還不如平日就加強實力，以主動出擊的方式，爭取想要的職位。

這次失業，我也是採取同樣的策略。放下身段，主動出擊，從不諱言自己被資遣的事實，在失業的隔天，我就擦乾眼淚，主動打電話給平日有往來的電視台製作人，以及媒體圈好友，告知他們若有適合的通告和文稿，可以讓我幫忙，我一定會盡心盡力完成。

五大計畫

另外，在尋找新出路的過程裡，我也把往常剖析企業競爭力的方法——

SWOT分析，加以運用。所謂SWOT指的是，透過評析優勢（Strengths）、劣勢（Weaknesses）、市場上的機會（Opportunities）和威脅（Threats），用以制定企業的定位和發展策略。

我評估自己的優勢是，在媒體和金融圈享有一定的資源，要在媒體繼續混口飯吃並不難，差別只在於混得好或差；劣勢則是位階高、人事成本也高，要重回出版業，薪水和職務不見得能盡如人意；也有不少機會，可以選擇重回其他老東家，或轉換產業，或乾脆自行創業——如此也有一些威脅存在，因爲大環境不佳，無論做任何決定，背後一定都有風險。

我在筆記本上，把這些細項一一寫下來，據此擬定了人生新方向，爲避免目標無法順利達成，還特別設立停損點，以五大計畫來因應。其中，A計畫就是目前的狀態，自己開一間小小的公司接案，加上通告和演講；B計畫是薪水打七折，回鍋當記者；C計畫是去拉保險；D計畫是當才藝班作文老師（嘿嘿，學生時代長達五年的作文教學經驗還能派上用場）；最後一個E計畫則是回婆家端盤子，至少不愁吃穿（婆家開了法式料理店）。

承蒙老天爺眷顧，A計畫目前執行得還不錯，但我很清楚，天有不測風雲，很多電視名嘴人氣下滑之後，一個月連一個通告也沒有，所以，我更戰戰兢兢準備好每一個通告，並不遺餘力完成客戶給我的每個案子。

萬一有一天，只能靠D計畫和E計畫過活，也要面帶微笑，迎接所有的挑戰。因為我一直認為，活著本身就是一件美好的事，倘若命運不站在我這邊，我也要幫自己加油打氣，直到呼吸停止的那一刻為止。

「個性競爭力」比專業重要

溝通大師黑幼龍曾說過一個故事：「孩子參加美國某會計事務所的甄試，光是面試他一個人，就整整花了公司三天的時間，表面上看起來不符合經濟效益，但為了認識未來員工的性格，公司認為，如此大費周章相當值得。」

因為有越來越多的研究顯示，企業對員工人格特質的重視，已凌駕專業之上。理由很簡單，一個人的性格在形成之後，難以改變，反倒是專業部分，還可以藉由後天加以訓練。

無獨有偶，影星湯姆．漢克斯也曾在個人網站公開表示，他支持歐巴馬的原因，就在於他具備「正直和啓發人心」的人格特質。民調顯示，多數支持者也同樣看重歐巴馬所散發出的積極樂觀態度，帶給人民信心和希望。

可見，無論是在職場或政治界，人格特質將是決定成功與否的重要關鍵。建議讀者在求職或尋求合作機會時，不妨先私下多方打聽，了解對方需要的人格特質，等正式面談時，把自身所符合的條件積極展現出來，就能多一分勝算。

賣冰要在冬天賣

為何賣冰要在冬天賣？

去世不久的王永慶先生，在我心中一直是個偉大的企業家，他有句名言：「賣冰要在冬天賣！」饒富哲理，值得所有想要創業的人思考。

爲何賣冰要在冬天賣，而不是夏天賣？難道不怕冬天氣候寒冷，沒有生意上門嗎？「經營之神」果然眼光深遠，他說這句話的意涵有兩個層次。

第一，在冬天創業賣冰，正因爲上門光顧的客人較少，所以，可以趁此暖身期「試水溫」，了解所販售的口味和價格策略，是否符合客人需求，倘若一開張生意就不如預期，就應即時調整相關策略，以加強體質，應付夏天冰品旺季的來臨。

第二，逆向去思考，創業之路難免跌跌撞撞，很多問題超乎預期和想像，如果連在淡季開始營業都能存活下來，那麼，所累積下來的寶貴經驗，就有足夠的力量去支撐往後漫長的創業路程。

去年底，我在報上看到一則新聞，非常感動，內容是這樣的：開了租書店十年的鍾先生，由於近年紙張價格飛漲，營運成本墊高，再加上遭逢全球金融風暴，民衆消費緊縮，致使三十坪大的店面，月營業額竟從三十萬元驟降至十五萬元。

眼看經濟壓力遽增，偏偏兩個女兒又分別因志趣不合、薪水過少的原因，離開了既有的工作崗位，讓他肩膀責任越來越大。貼心的女兒突發奇想，認爲偌大的空間閒著也是閒著，不如挪出一點位置，試試看販賣雞蛋糕和鬆餅。

起初，看好的親友並不多，理由不外乎：現在景氣這麼差，隨便亂創業，不見得能賺到錢。但姐妹倆興趣濃厚，且所需投入的資金成本並不高，就決定一頭栽入。沒想到，正式營業沒幾天，業績就暴衝，因爲不少來租書的人，一聞到雞蛋糕四溢的香味，都忍不住掏出錢買來吃。

算一算，這一坪大的小攤位，月營收竟達到十二萬元，與三十坪的租書店相去不遠，稱得上是「小兵立大功」，不僅解決了家庭的經濟問題，也讓姐妹倆嘗到了創業的樂趣。恰巧幸運之神又來眷顧，對面的學校即將完工，預料將帶來更多的人潮，鍾家對未來營運充滿信心。

所謂「山不轉路轉，路不轉人轉，人不轉心轉」，鍾家遇到了接踵而來的難題，並沒有整天唉聲嘆氣，而是坐下來召開家庭會議，討論是否有解決的方法。結果，全家同心，其利斷金，就算在不景氣的年代創業，仍舊突圍而出，創造了一番新天地。

無論景氣好壞都有賺錢的機會

在不景氣時創業而成功的案例不少，電腦品牌大廠戴爾創辦人戴爾就是一例。一九八四年，戴爾還是大一學生，當時美國正歷經七〇年代的石油危機，經濟大幅衰退，民眾的生活苦不堪言，但憑藉著「年輕就是本錢」，戴爾僅靠著一千美元，就勇敢跨出創業的第一步。

他日後接受媒體專訪時提到：「無論景氣好壞，都有創業和賺錢的機會！問題在於，創業者能否找到一個擁有廣大市場、但現存市場沒有效率的機會，然後，想出一個別人從來沒做過的新方法，提供客戶更多的價值。戴爾電腦的成功，就是做到了這一點。」

確實，以鍾家爲例，賣的是不起眼的雞蛋糕和鬆餅，何以業績強強滾？祕訣就在於，姐妹倆找到了一個市場廣大，且區隔化的操作方式——以熱騰騰、超厚實的餡料吸引顧客，和租書店同時複合式經營，還能相互拉抬人氣，達到「客人買了雞蛋糕，願意多駐留幾分鐘，順便看漫畫」的加分效果。

因此，套句鴻海董事長郭台銘常說的一句話：「沒有不景氣，只有不爭氣！」越是不景氣，口袋越要懂得爭氣！在冬天賣冰，風險的確加高，但利用景氣差時紮穩馬步、儲備實力，等景氣好轉，就有機會大放異彩。

我個人非常敬佩的王品集團董事長戴勝益，最近提出了「向樹學習」的理論，頗能和王永慶先生的「賣冰要在冬天賣」理論互相呼應。

戴先生提到，過年期間，在老家洗手台下方發現一片新綠葉，在黑暗無水的環境中獨自長大，令他十分驚訝。事後回想，才憶起先前曾吃過香瓜，種子隨手一丟，竟無懼惡劣的處境，奮力長出新芽。

「樹木不能選擇環境，就算在最不可能的地方，也是一心一意要求生存，縱使最後失敗，也要爭取到最後一刻，和最後一滴水！」戴先生說，創業的過程，原本就充滿各種挑戰，他曾創業九次都失敗，甚至欠人一屁股債，但從未想到要放棄，只有沒日沒夜的思考到底該如何走出困境，並逐步邁向成功。

「你看，連樹和種子都一心一意想要活，不景氣正是磨練心志、培養實力的絕佳時機。」所以，誰說不景氣的時代下沒有「煉金術」？觀察你我周遭，用小錢創業成功的案例比比皆是：「虱目魚女王」盧靖穎用不到十萬元創業，憑著滿腔的研發熱情，創造出虱目魚水餃、虱目魚香腸、虱目魚肚粥等產品，也打造了屬於自己的食品王國。

還有，我的好友——在擔任國會助理期間，就認眞研究命理的塔羅牌老師艾菲爾，從在誠品書店前擺個小攤，到熱心服務客人、擺出名氣，一躍成爲電視命理節目常客，收入三級跳，還成立了自己的公司。

只要有心，願意及早準備，就算景氣的春燕還沒飛來，自己當個小小的老闆，自給自足，朝著目標和理想前進，絕非癡人說夢。

創業規畫五大項

創業的過程充滿荊棘，我自己也成立了一家公司，深知從想要創業的那一刻起，腦袋裡就充滿了各種問號，建議想要創業者，做好下列五大規畫：

1. **資金規畫**：如果自有資金不夠，該標會借錢，還是利用保單借款，或向政府單位申請創業貸款？每種貸款的程序不同，可貸到的金額也不一樣。
2. **市場評估**：目前市場總體狀況如何，競爭同業有哪些？切入哪一塊較有機會？可透過市場調查或企業顧問，掌握精準數據。
3. **地點（商圈）評估**：地點設立的位置和人潮、錢潮息息相關，在衡量租金成本之下，想找到適合的地點需提前作業。
4. **產品定位**：產品是否具差異化，和同業相較下，有獨特的競爭優勢嗎？價格和行銷策略為何？環環相扣的問題，都需一一釐清。
5. **設備選擇**：要買新的或二手的？哪些設備可以省，哪些又不能省？需要花多久時間安裝？設備是生財工具，更需好好思考。

PART 2

每一次絶處，都醞釀下一次新生

藉由打工經驗認清自己

貧窮是最好的教材

相信算命不如相信自己

越討厭的工作越要認真做

做好十足準備，尋求一次重要機會

把可怕的小人當可愛的貴人

現在的壞運造就以後的好運

心不受限，能力就不受限

藉由打工經驗認清自己

洗餐盤的日子

每當別人聽到我豐富的打工經驗，都不禁瞠目結舌：「什麼？妳居然學生時代就做過十幾種工作，甚至還包括酒店服務生？」

沒錯，我從國中畢業那一年起，也就是十六歲，就展開了長達十年的打工生涯。和一般有錢人家小孩打工是為了體驗人生有所差異，我努力打工，純粹是為了想賺錢，希望分擔家計，讓鎮日為了錢而奔波的母親，能有稍微喘息的空間。

回顧這些包羅萬象的打工經驗，各有不同的人生滋味。時薪最低的是就讀五專時，在自助餐廳洗餐盤，一小時只有四十元，猶記得應徵當下，聽到四十元時薪，算一下一天工作兩個半小時，一個月收入也只有兩千元，對改善經濟並沒有太大幫助，加上向來不擅長洗碗，讓我內心掙扎頗久。

老闆娘看出了我的遲疑，不經意的補上一句：「妳還可以每天順便來吃免費的晚餐喔！」同時，還以較優惠的租金讓我承租餐廳最後方的小房間，考量到時間和租金成本皆十分划算，我就扮演起了「洗碗妹」。

洗餐盤的日子並不難過，就把自己當作機器人，執行老闆所教導的SOP（標準作業流程），倒洗碗精、刷碗盤、沖水、晾乾，不必用太多大腦。覺得無聊時，就哼哼歌曲、想想浪漫的小說情節，幻想自己有一天會大富大貴，把一整排自助餐店都給買下來，時間很快就「殺」掉了。

這份工作雖然只做了半年多，卻也從夏末洗到冬初，雙手脫皮不打緊，比較可怕的是腰痠難捱，連買藥布來貼都捨不得。而每當我不自覺在喊累，一旁的同事——洗碗媽媽，就會邊鼓勵邊恐嚇：「妳啊，要趁年輕多讀點書，不然就會跟我一樣洗一輩子的碗，永不翻身！」

雖說洗一輩子的碗辛苦無比，但看到洗碗媽媽認眞執行每一個動作，絲毫不懈怠，那種「捨我其誰」的工作態度，立下了良好的典範，讓年輕的我明白：職業不分貴賤，只要用心去完成，哪怕自己只是一顆螺絲釘，也會成爲全公司最不可或缺的零組件。

酒店服務生

最特殊的經歷，當屬在酒店打工。當初，純粹是爲了賺一百二十元的時薪，誤信報紙分類小廣告所寫：「誠徵西餐廳服務生，無經驗，誠可！」到了現場，才發現是「掛羊頭賣狗肉」的酒店。面試我的主管，從頭到腳打量我不到半分鐘，就要我乖乖的去當只需端餐盤和飲料的「一般服務生」，而非薪水超出一倍的「高級服務生」。

從未想到平庸的長相和身材，竟也能成爲一種保護的武器。我上的是週末假日班，一個月下來，只去了八天，領到錢那一刻，立刻拍拍屁股就走人。這八天，眞的讓我大開眼界，看到一堆色瞇瞇的男人，如何將錢塞進女性的重要部位，順便上下其手；也看到不少和我同年齡的女孩，願意主動提供「出場服務」，只爲了購買心儀已久的名牌服飾，以和同儕相比時更有派頭。

這八天，也讓我上了一堂寶貴的「震撼教育」課程。曾有幾位客人刻意「吃豆腐」，趁我送上飲料時，以迅雷不及掩耳的速度襲胸或摸手，我雖覺得委屈，也向主管報告，但主管一付司空見慣的模樣，並總是冷不防說了一句：「公司規定，要做滿一個月才能領錢！」想到那八千元，我什麼苦都願意呑，只是下班回到家洗澡，不免下意識的把全身刷洗乾淨，希望一起洗掉這些不愉快的記憶。

事過境遷，曾有人問我：「難道妳當時不會想要一起『撩下去』，畢竟這種錢比較好賺？」說眞的，除了道德感之外，當時我曾算過，類似酒店小姐這種工作，剛出道時收入或許高人一等，但折舊率較快，年資無法和收入等比增加，反而是一些起薪較低的工作，若所屬產業或企業前景看漲，只要在本業上力求表現，收入就有機會三級跳。所以，無論是人生第一份工作，或跳槽時面臨種種考量，我都覺得薪水不是最關鍵的因素，套句股票術語，與其選一份「開高走低」，或自己能力無法負擔的工作，到時留下不好的績效紀錄，不如選一份可能「開低走高」的工作，在游刃有餘的情況下，不斷求取突破，讓職涯各階段處處充滿驚喜和成就，更具意義。

而時薪最高的當屬才藝班作文老師，一堂課一個半小時，可以賺八百到一千元，比起當「洗碗妹」，時薪整整高出十六倍。那時，我剛插班考進台大，宿舍附近的才藝中心正缺作文老師，不知哪來的勇氣，我登門應徵，老闆質疑：「妳又沒教過作文，而且考上的是社會系，又不是中文系，怎麼保證妳的教學能力啊？」

或許是初生之犢不畏虎，我立刻回答：「我可以試教啊，若您滿意，再聘用我。」

三天後，我依照在光華商場買來的多本二手作文書籍，自己重新編寫教材，在擠滿學生、家長和教務主任的教室裡，展開了個人教學的處女秀。

知道機會難得，前一天還在宿舍裡演練了好久，只差沒對鏡子講話（因爲我的房間沒有大鏡子）。整個試教過程，我刻意炒熱現場氣氛，談到「比喻法」，我舉了個例子：「媽媽就像鬧鐘，天天準時叫我起床！」有個小朋友反應很快，立即舉手說：「老師，我知道，我會運用：『爸爸的胸部就像是兩粒葡萄乾一樣，又黑又扁』。」

儘管這樣的比喻不是很恰當，但全場笑翻天，家長也覺得在此情境下，有助於孩子吸收，我就順利得到了這份工作。後來，隨著學生報名人數增多，我的班次越開越多，月收入最多時竟高達兩萬五千元，比現在許多社會新鮮人還多，總計大學和研究所五年教下來，扣除生活開支和學雜費，我還存下二十多萬元，驗證了「知識就是力量」的佳言。

收穫就在不遠的前方

這些經歷，究竟對我的人生有何幫助？除了金錢之外，看不見的效益才可貴。因爲藉由這些特殊經驗，讓懵懂無知的我，得以進一步認識自己的個性和專長，以致學生時代就立志將來要從事文字工作，不會爲了尋找目標而惶惶不安。

像是在百貨公司專櫃賣女裝，令我發現，我很會招呼客人，吸引客人駐足停留，但糟糕的是，配色不是我的強項，連要幫假人模特兒搭配上下半身，都要痛苦好久。這說明了我不太適合從事有關色彩搭配的工作，倒是和人互動挺有天賦。

又例如，去推銷教學錄音帶，我的成交件數在公司屬於中等，但成交金額墊底，就是因爲我的臉皮太薄，不好意思賺人太多，都會主動給客戶優惠價。這顯示雖然我有社交天分，但並非是做業務的料。

還有，在那個電腦不發達的年代，我也曾在補習班抄寫招生簡章，雖然謄寫的速度很快，名列前茅，但這種一板一眼、沒有絲毫變化的工作內容，完全引不起我的動力，做滿一個月，已是我可以容忍的上限。

這些看似不起眼、林林總總的工作，不僅讓我提早感受人情冷暖，培養了對挫折的容忍度，同時，每一段經歷都是寶貴的自我摸索。試問：沒有摸索，哪來的成長？沒有成長，又哪來的突破？

我衷心感激過去這一段段美好的歷程，俗話說：「一步一腳印」，人生的每一個腳步踩下去，有時重、有時輕，等驀然回首才發覺，一切早已有所安排。歡喜做、認眞做，意外收穫就在不遠的前方！

如何從打工達人變億萬富翁？

相信很多人都翻閱過財經暢銷書《有錢人想的和你不一樣》，但更多人可能不知道，作者哈福．艾克是個「打工達人」，從十三歲就開始打工，到現在變成億萬富翁，當中有何成功的祕訣？

1. **因為貧苦，立志要翻身**：哈福．艾克曾送過報紙、賣冰淇淋，也在海邊販售防曬乳液。由於家境從小匱乏，讓他就讀大學一年後，就立志要成為百萬富翁，不向命運低頭。

2. **永遠都要採取行動**：他有句座右銘：「行動永遠比不行動好」，看準機會就撲上去，先下場參一腳，再沿路調整做法。當年，朋友邀請他去參觀一種新式的熱門健身器材，他覺得大有商機，雖毫無經驗，卻也一腳踏入，賺進人生第一個百萬美元。

3. **把失敗當吃補**：他創業歷經十多次都失敗，但依舊不屈不撓，設法找到原因，再加以改善，從不因一次失敗，就認定自己完全不適合創業。

貧窮是最好的教材

省、省、省

曾有一位主持人私下問我：「燕俐，為何妳總是穿著樸素，不帶昂貴的項鍊、戒指，也不提名牌包？妳應該是有這樣的財力，讓自己在電視上看起來更稱頭吧？」

我據實以答：「一來，我對這些名牌服飾和配件沒有濃厚的興趣，曾有兩個朋友先後送我名牌包，為了搭配這高達七、八萬元的貴氣包包，我絞盡腦汁思考衣服和鞋子該如何調整，才有整體的一致性，後來覺得愚蠢不已，迷失了自我；再者，學生時代的貧窮經驗，讓我捨不得花大筆的錢去買奢侈品，寧可花在更有增值空間的商品上。」

我無意提倡「追逐名牌是不道德行為」的論調，事實上，經濟實力雄厚的人，撥點錢出來購買奢侈品，促進精品業的發展，創造相關的就業機會，我相當樂見其成。但若只是爲了面子或虛榮感，盲目的追求名牌，甚至因此陷入財務困境，就非明智之舉。

尤其，我並非「名門」之後，學生時代還常常三餐不繼，每個月領到打工錢的那一剎那，滿腦子想的都是該如何妥善分配在房租、吃飯、油錢和書籍費，才不會超支，根本無力去追逐流行，所謂「上流社會」的生活離我相當遙遠。

在擔任才藝班作文老師之前，我打工的時薪普遍偏低，大約只有四十到六十元之間。仔細算一下，一週就算工作二十五個小時，一個月了不起才賺五千元，扣掉基本的固定開銷，所剩已無幾。

曾有幾次在工作的空窗期，我口袋裡的錢不到一千元，必須撐半個月，又不想跟同學借錢，唯一的方法，就是「省、省、省」，省到一條售價十五元的7-11白吐司，可以連吃三天，省到下課時間若飢腸轆轆，就跑去飲水機喝水，把胃撐脹，可以暫時忘了飢餓的感覺。

說起一條吐司要吃上三天，還眞的有祕訣。通常，第一天我會先吃吐司邊和吐司皮，因爲這兩個部分口感比較硬，得多花一些時間咀嚼，在咀嚼的過程中配上白開水，就很有飽足感。第二天和第三天，我才會吃剩下的柔軟吐司，以細嚼慢嚥的方式，想像正在享用人間的美味大餐，在「自我催眠」下，這一片片無味的吐司，竟也變得可口無比。

餓肚子的經驗眞的很不好受，恰巧我又有低血壓，餓到一定程度，雙手就會發抖。後來聽同學說，餓到快顫抖時，趕快吃一顆糖，就能有效舒緩，因而解決了我的難題。

步入職場多年後，有一次，我專訪統一集團創辦人高清愿先生，提到年輕歲月的艱苦日子，幸好有7-11的吐司爲伴，萬萬沒想到，高先生聽了之後，輕輕敲了一下我的頭，操著台語笑著說：「憨囝仔，妳呷的比我擱卡好，別怨嘆啦！」意思是，他年輕時吃的苦比我還多，我的遭遇算是小case，要偷笑了喔。

高先生風趣又具智慧的談話，給了我無比的鼓舞。是啊，連高先生這麼有成就的人，也是歷經十三歲就喪父，先後在草鞋工廠和兵工廠工作的苦生活，因而磨練出堅忍的心志和超強的鬥志，日後創業遇到難關，才不輕易認輸，造就了今日碩大的統一集團。

學會永不放棄

正因爲曾有這樣貧苦的體驗，看待金錢的角度，我自有想法。我認爲，有錢雖然能使鬼推磨，但一旦缺乏正確的理財觀和消費觀，就算坐擁金山銀山，不出幾年，也會敗個精光。而決定是否要購買某項商品，除了要考量自己的財務狀況，產品本身的「價值」因素更甚於「價格」。

簡單來說，我有一台售價一萬多元的腳踏車，七年前購買時，騎自行車還不像現在這麼風行，不少朋友說我「騷包」「浪費」，但它的性能確實比一般的淑女車要好，變速也相當靈活，陪我騎遍整個北部地區，留下美麗的回憶，攤提下來，等於一個月才花一百多元，眞的非常划算。

相較之下，朋友送我的那個名牌包，不僅價格貴重，重量也很重，純牛皮的質感觸摸起來非常柔軟，但背它上班的第一天，我就欲哭無淚。因爲從家裡到辦公室需要轉乘捷運和公車，一天下來，走了四十分鐘的路，提著這麼重的包包，我的腰都快斷了！

頓時，我終於明白，爲何名牌包專屬有錢人家小姐，因爲她們出門都有專車接送，再重的包包也不必扛著到處走。回家後，我面對現實，把這個包包用防塵袋裝好，收進衣櫥，日後只在重要的社交場合帶出門。三年來，總共只使用五次，換算下來，每次的代價竟高達一萬四千元，眞是昂貴。

兩項商品都所費不貲，腳踏車因爲有具體的需求，加上經常使用，且增添了生活情趣，很顯然的「價値」已超越了「價格」；而這款名牌包並不適合我，實用性不夠，反倒增加了生活上的困擾，對我而言，「價格」遠遠超越「價値」。

所以，在消費之前，如果能多一分理性，仔細思考產品的「價値」和「價格」，不隨心所欲亂花錢，至少能夠有效控制住荷包。而這樣理性的來源，除了和先天性格有關，也可藉由後天訓練來培養，最好的訓練方式就是「貧窮」。

以我爲例，直至今日，學生時代餓肚子的夢魘揮之不去，讓我深刻理解：一文錢也會逼死一名好漢！只要手中有閒錢，就要妥善規畫運用，就算無法立即「用錢滾錢」，起碼也不要被錢駕馭，亂買幾件名牌服飾，就自以爲是有錢的大爺。

也因爲過去餓肚子的經驗太慘痛，這次失業，我竟沒有所謂「身段」的問題，失業隔天，也不怕同業和朋友取笑，立刻發出求救信號，搜尋任何可以帶進收入的機會。畢竟，跟餓肚子比較起來，面子一點都微不足道。

貧窮果然是最好的教材，身陷貧窮之中，對於每一分錢和每一個工作機會，都會萬分珍惜；也因為窮，沒有多餘的力氣去抱怨和哭泣，只能認真攢錢，衷心期望一天能過得比一天好。

與貧窮為伍，你會發現，最大收穫就是孟子所言：「天將降大任於是人也，必先苦其心志，勞其筋骨，餓其體膚，空乏其身，行拂亂其所為，所以動心忍性，曾益其所不能。」

有了那段窮苦的日子，讓我學會永不放棄，養成了正確的金錢觀，證明了：過去的苦不算苦，心念一轉，苦味人生就有機會變成甜味；心念不轉，未來的日子恐怕還會苦上加苦。

培養「類犬化」特質，快速翻身

從流浪漢變成年收入一百零二億日圓，經營資源回收、生活創庫董事長崛之內九一郎的人生轉折，竟然是拜「類犬化」之賜？

所謂「類犬化」，指的是要有像流浪狗一樣戰鬥的精神，即使只有剩菜剩飯能吃，也要有強烈的生存野心。

話說崛之內九一郎出生在富裕家庭，可惜他把雙親遺留下來的遺產大筆揮霍，到了三十五歲，竟負債一億日圓，被迫展開流浪漢的生活。他除了必須找出有提供剩菜剩飯的餐廳之外，也要做好心理建設，來和外界鄙視的眼神與自己的羞恥心戰鬥。「這就是生存法則啊，如果我連剩菜剩飯都敢吃，還有什麼失敗是不敢面對的？就算常常沒食物吃，也一定要撐到找到食物的最後一刻。」

憑藉著這股勇氣，崛之內九一郎最後順利從谷底翻身。「成功的祕訣就是要有『類犬化』的人格特質，不把虛榮和別人的言論看在眼裡，專注在自己想做的事情上，才能擁有強大的競爭力。」

相信算命不如相信自己

與其盡信命盤，不如思考不足之處

當人覺得前途茫茫、徬徨無助時，難免會求助於命理師，到底他們的話可不可信，要不要照著做？依我個人的經驗和觀察，與其盡信抽籤和命盤，不如認眞思考自己不足之處，並予以補強，然後用對方法積極爭取，打破命運的框架，就有機會創造屬於自己的好運。

五專畢業後，我就在親友的介紹下，到國小擔任代課老師。做了幾個月，看到周遭同學不是在補托福，準備出國念書，就是在補插班大學考試，讓我也心生嚮往，做起「當大學生」的美夢。

當我把想法告訴母親後，母親雖然很支持，但不免狐疑問著：「妳專科成績不好啊，都是排名中、後段，聽說插大錄取率很低，妳有把握嗎？女孩子家還是找一份安穩的工作，和一個可靠的丈夫比較好吧！」

我延續青春期的叛逆，老實的跟媽媽說：「插大錄取率確實很低，大概只有個位數，我也沒有把握可以考上，可是妳放心，我只要花三千多元補一科英文就好，其餘會自己想辦法。就算落榜，我只是投入時間成本而已，真正的花費不多，萬一考上了，投資報酬可高的，以後要找工作、找另一半，機會更多。」

媽媽知道我很拗，難以說動，就默默答應了。我辭去代課老師的工作，眼看離考試日期不到半年，便開始制定「備考計畫」。首先，設定目標，以台大、東海和東吳社會系爲前三志願，然後，透過各種關係，找到前一屆金榜題名者，請教他們應考的祕訣和讀書的方法，接著，最陽春版的「備考計畫」出爐了。

由於我認爲社會科學沒有標準答案，去補習也不一定能得到立竿見影的效果，因此，我決定針對各科目，去二手書店買回所有學校指定的教科書，讀完一遍之後，自己做筆記，進行大彙整，成爲一套厚厚的「應考祕笈」。再以此不斷的反覆背誦，希望能達到融會貫通的境界。

從下下籤到上上籤

隨著考試日期越來越近，我依舊沒有任何把握，家人也跟著擔心了起來。某日，媽媽說要帶我去拜拜，求文昌君讓我高中榜單，在「寧可信其有」的情況下，我乖乖的跟去了。

拜完之後，廟祝說，我可以試著抽籤，看看考運好不好，要不要文昌君多保佑一下。這一抽，可不得了，是「下下籤」耶，我覺得很傷心，不想把霉運帶回家，就把籤詩原封不動的放回去，再以沒好氣的口吻跟廟祝說：「文昌君現在很累啦，有那麼多人求他，他只好先給我一個爛籤，警告我要認眞讀書，否則就會落榜！」

可愛的廟祝叔叔，從沒看過有年輕人如此放肆，就跟我媽解釋：「妳女兒抽籤方式不對，我來幫她重抽，比較準。」抽籤可以代抽嗎？我倒是第一次聽到！看著廟祝口中念念有詞，重新一抽，果然抽出了「上上籤」，意思是考運極好，包中、包中啦！

我隱約覺得廟祝叔叔作弊，但又不想拆穿他，壞了他的好意，就領著這張「上上籤」繼續回家讀書。過沒幾天，一位自稱精通紫微斗數的長輩，說是要免費幫我排命盤，看看有沒有讀書命，是否值得花時間準備考試。

在大夥的殷殷期盼下，長輩終於開了金口：「燕俐，妳的命盤主星很柔弱，恐怕不是個意志堅強的人，今年流年也不佳，能讀到銘傳畢業，已經算很厲害了，妳要不要考慮不報名考試，起碼還可以省下報名費。」被他這麼「鐵口直斷」，我很想罵三字經，縮回房間不停的想：要認命嗎？準備了四個多月，難不成就要付諸流水？

我越想越不甘願，再對照一下過去所經歷過的事，以理性分析：我明明就是個很拗的人，怎麼會說是「柔弱」呢？就算意志不是十分堅定，也從來不會隨隨便便就打退堂鼓啊？他到底會不會算啊，憑什麼我要相信他？

我強迫自己忘記這次的算命結果，一直到應考前一天晚上，我都不停的「自我催眠」：「妳一定要相信自己，妳那麼努力，就算考不上台大，至少也有東吳和東海可以讀，記得明天要安心發揮實力，寫出最棒的答案。」

經過長達一個多月的考試（因各校考期不同），逐一放榜了，台大我名列第二，其他各校也皆在十名之內。欣喜之餘，我打電話給那位精通命理的長輩，想聽聽他有何高見，對方也很訝異，吞吞吐吐的說：「可能是妳的命盤比較特別，讓我沒算準。」

呵呵，好一個沒算準。要是我眞聽了他的話，沒去報名、沒去考試，切斷和大學的緣分，不就中了他的圈套，讓他「準到不行」嗎？

有了這次經驗，讓我深刻體悟到：命是自己的，命理師並不能幫你過生活，想要擁有什麼樣的人生，撇開命理師，自己奮鬥去！無論結果是好是壞，既然用力爭取過，一切就沒有遺憾。

你還要依賴命理師嗎？

幾年前，我曾看過一篇雜誌專訪，內心無限感慨。男主角是個前途看好的上班族，某天心血來潮去算命，問問還有沒有升官加薪的機會。沒想到，命理師看了他的八字之後，竟嚴重告誡他：「你註定活不到四十歲喔，你可要好好保重！」

當年，他不過三十出頭，一想到被命理師判了死刑，就開始惶惶度日，也不再積極工作，每每想的都是：距離死期還剩XX天，不知會遇到什麼倒楣事，讓我一命嗚呼？

就像當兵數饅頭等著退伍一樣，這位男士每撕一張日曆，心就糾結一次。等到了四十歲生日那天，他赫然發現，平安沒事耶，便忍不住咒罵起命理師害人不淺，也跟著自我檢討：人家亂掰一通你就相信，你的判斷力和理智去了哪裡？自此，再也不隨便算命了。

因爲工作關係，我認識不少知名命理師，多數都算正派，也希望能給民眾適合的建議，不過，我認爲，八字排出來，確實提供了種種可參考的現象，但命運不見得百分百按照命理走，關鍵就在於，人生有很多選擇，選擇之後也有不同的執行力道，生命的終點究竟是圓是扁，還有很多空間可以透過人爲力量去改變。

要完全盡信命理師的預言或建議嗎？特別是改了名字或公司名稱，事業就會從一敗塗地，變成蒸蒸日上嗎？如果這個邏輯行得通，那麼，全世界最富有的人應該就是這群命理師了，根本不必靠替人算命來賺錢。

看完了我的例子，還要過於依賴命理師嗎？不如檢討自己，拿出可行的辦法，自己掌握命運，更踏實！

如何替自己改命？

朋友的媽媽檢查罹患肺腺癌末期，醫生判定活不過三個月，算命先生也說：「要有辦後事的心理準備了！」結果，一年後的今天，她依然健在。這是怎麼辦到的？

1. **接受事實，但不悲觀**：朋友媽媽很快就接受罹癌的事實，既不想否認，也不願逃避，並決定為生命勇敢奮戰，堅持到最後一秒。
2. **改變生活習慣**：她同時接受中西醫和自然療法，從改變生活習慣著手，不再熬夜、改吃少油少鹽食物，也不再把不愉快的事悶在心裡。
3. **開心度過每一天**：因為不知還能活多久，便決定要認真且開心的度過每一天。也許是到戶外走走，也許是去寺廟當義工，珍惜每一分每一秒，對凡事感恩，生命反倒更顯光彩。

越討厭的工作越要認真做

考進《聯合報》

「什麼？妳居然當過體育記者，當時會不會做得很苦悶？」許多朋友在電視上看我侃侃而談各種財經議題，知道我的第一份工作竟然是主跑體育，都忍不住提出類似的問題。

坦白說，在考進《聯合報》之後，我曾試想過各種可能的路線，像是：充滿血腥味的社會組、天天寫八卦的影劇組，甚至可以附庸風雅的副刊組，萬般沒料到的是，報到第一天，採訪主任就打開天窗說亮話：「體育組剛好有個缺額，妳的外文能力不錯，可以出國採訪和翻譯外電，又很適合處理軟性題目，就讓妳過去幫忙看看。」

聽到這段話，我有如五雷轟頂，心裡一直嘀咕著：「拜託，主任，您可能不知道我是個體育白癡吧，我是那種連分類廣告都可以逐字閱讀、唯獨看到體育新聞會打哈欠的人，您確信沒有把我放錯位置？」但看到主任堅定的表情，我明白菜鳥沒有任何可以爭取的權利，聽話就是了！

在失落之餘，我打電話給同學，跟她述說這個生命中「奇妙的境遇」。對方先是安慰我一番，然後不小心漏了口風：「本來還挺羨慕妳考進大報，可是體育組是採訪中心的邊緣地帶，妳要不要考慮轉換報社，去跑主流的政治和經濟啊？」

誰不想呢？但問題是，我和報社簽了合約啊，一定要服務超過三年，才算功德圓滿。那一晚，我輾轉難眠，滿腦子想的是：原本期待要當個快樂的「報社新鮮人」，無奈分配到的路線是我既不擅長、又興趣缺缺的體育組，看似青春年華走上了絕處，該怎麼辦呢？

想了又想，鬥志湧上心頭——我決定要成為出色的體育記者！倒不是志趣突然有了一百八十度的大轉變，而是我認為，如果連最沒有興趣的體育新聞，我都能跑得一把罩，讓長官們放心，日後若有機會爭取到心儀的財經路線，表現一定可以更上層樓。

隔天起，我上緊發條，認真處理每一則體育事件和比賽。為了在短期內打通任督二脈，具備相關的專業知識，我擬定了作戰策略：先到書店購買專業用書，釐清比賽規則和專業術語；再廣泛結交各種教練和選手，掌握體壇最新動態；中大型賽事舉行前幾天，把舊報紙拿出來K，看看當年記者有哪些處理新聞的角度，可以學習和參考。到了比賽當天，若有看不懂的細節，向現場教練請益準沒錯。

另外，我也嘗試把體育新聞「生活化」，以引起廣大讀者的共鳴，爭取較佳的版面位置和篇幅。例如，當年直排輪剛興起，我發現有一群人固定號召網友，穿著直排輪夜遊大台北地區，一溜就是十幾個小時，我用「培養感情」和「欣賞夜景」的角度來切入，專題見報後，果然引起不少媒體跟進。

老闆罵人時面帶微笑

可能是我的用心感動了長官，在體育組待了兩年半之後，因爲考績不錯，得以成功轉調財經組，並一腳踏入財經雜誌的領域。跑財經是我的夢想，無論是產業、證券或政策面，我通通有興趣，無分平日或假日，看的、聽的、讀的都和財經有關，在專業處理上倒是游刃有餘。

比較令我苦惱的是，報社長官們大多是文人出身，管理記者時，態度比較溫和；反觀財經雜誌，也許是銷售量和股市息息相關，老闆們壓力通常都很大，一有不順心，罵人的字眼不僅帶髒字，甚至還會傷人自尊。

「妳是豬啊，從沒見過像妳這樣的白癡！」「妳研究所是怎麼念的？我看妳的文章程度，分明只有國中畢業！」「誰叫妳去訪這個芭樂CEO，狗嘴吐不出象牙！」「你們再給我混下去看看，我經營的可不是糧食局，要養你們這些米蟲！」

這些涉及人身攻擊的字眼，任誰聽了都覺得不舒服。記得第一次因細故被老闆臭罵，覺得萬分委屈，回家跟老公抱怨。先生是個非常明理的人，他說：「如果妳覺得在這樣的環境下工作會不開心，那就離職吧，反正依妳的能力，再找工作也不難。」

話雖如此，可是我很明白，無論走到哪裡，沒有一個工作環境能讓人完全滿意，不是老闆脾氣差，就是同事太會鬥，或者公司福利制度差，令人無法使出渾身解數，全力向前衝刺。

既然無法改變大環境，唯一可行的方法，就是改變自我，讓自己化身為變形蟲，可以生存在淡水，也可以優遊於深海。我勉勵自己：「如果連這種超級無敵難搞的老闆，我都可以過關，將來一定可打造金剛不壞之身，和其他老闆相處愉快。」

自此，老闆罵人時，我當他在念經，如果想聽就多點頭，不想聽就面帶微笑，先把自尊放兩旁，日子就會過得更海闊天空。罵久了，就形成一股免疫力，非但不感到難過，反而替老闆擔心起來，因爲那種用盡力氣大吼大叫的罵人方式，其實非常傷身。

惡劣的環境提供最佳的養分

和脾氣暴躁的老闆相處越久，反倒讓我應對進退越靈光，形成職場上的另一種競爭力。記得有一次，老闆突然大發雷霆，但我必須趕去一場演講，只好硬著頭皮跟他報告：「上週跟您提過某家電子公司找我去演講的事，您當時同意了，不知我現在可以稍微離開一下嗎？」老闆正在氣頭上，脫口就大罵：「好啊，妳有種就永遠不要給我回來！」

所有同事都覺得大事不妙，甚至有人在旁暗示我乾脆不要去，可是，半年前就排定的活動，臨時缺席未免太不負責了。說也奇怪，不知哪來的靈感，我用半開玩笑的口氣回以：「報告老闆，您知道的，因爲我向來沒有種，所以演講完之後，我一定會趕回來陪大家！」

或許是很少有人敢在老闆氣頭上回嘴，他聽到這個答案，嘴角忽然抽動笑了一下，像是氣消了一半，接著說：「好啦，知道要回來就好，妳他媽的要是不回來，我會等妳等到半夜。」因爲小小的機智，化解了一場可能的衝突。

想一想，人生就是這麼奇妙，當下以爲遇到了絕處，前景一片黯淡，殊不知，最惡劣的環境，卻提供了最佳的養分，培育出堅忍向上的意志力，化絕境爲轉機，帶來新生。

建議讀者，若遇到討厭的工作環境和內容，在無法改變的前提下，不妨換一種「挑戰」的心態去面對，當你眞的克服之後，那種喜悅感，絕不輸於登上台灣最高峰玉山。

你是抱怨還是顧人怨？

在職場適度的抱怨是件好事，可以向公司高層明確表達客戶的需求，或執行業務上所需的資源。但如果是天天抱怨、事事抱怨，恐怕就會變成「顧人怨」。

根據美國訓練機構所做的研究發現，員工們的抱怨不外乎下列四大類：

1. **工作環境**：例如印表機常卡紙、空調太冷。
2. **資薪問題**：像是加薪太慢、年終獎金太少。
3. **同事相處**：如覺得某某人很機車、主管個性古怪。
4. **部門架構**：常見於跨部門合作時，問題叢生。

檢視一下自己，在抱怨的同時，是否提出可能的改善方法，若沒有，只是不停的抱怨，恐怕再有耐心的主管和同事，也會覺得問題是出在你身上。所以，現在就立刻停止抱怨，思考可能的解決之道，才是聰明的上班族應採取的行動。

做好十足準備，尋求一次重要機會

因為有興趣，工作再累也甘之如飴

從體育組轉調財經組的第一天，我就發了將近兩千字的稿子。其中，有兩篇見報，分別是外資動態和法人對台股的看法。隔天，曾一同跑體育新聞的同業打電話勉勵我：「妳很猛耶，調組第一天就可以發這麼多稿子，壓力應該不小吧！」我老實說：「壓力可大的，主管說我表現還可以，希望我再加油。」

平心而論，如果是以「財經菜鳥」的角度，來評斷我的稿子，我有信心至少可以拿到八十分以上，但如果是以「資深財經記者」的標準，我鐵定是不及格了。問題是我很清楚，報社不問人事成本是低是高，要的就是最具深度和廣度的稿子，我必須盡速成長，才能符合長官們的要求。

於是，每一天晚上，交完稿之後，我會針對明天要參加的活動或記者會，到報社圖書室（那時網路還不發達）調出過去的資料，掌握相關事件的來龍去脈，並做好筆記，記下隔天一定要發問的重要問題。

而每一天早上，我會認眞比報，看看同一個新聞事件，同業有哪些處理方式是我所不及的，可作爲日後改進的方向。就算當天沒有任何活動，我也會外出採訪，一來，增進和受訪對象的情誼，臨時若有突發狀況，就可在第一時間請教；再者，在閒談的過程中，也會激發一些靈感，有助形成新的報導角度。

因爲有興趣作爲支撐，工作再久、再累，我也甘之如飴，就連平日放假，我最常閱讀的就是財經書刊和研究報告；連跟任職金融圈的先生，討論的話題不是柴米油鹽醬醋茶，而是產業現狀和財經政策。

借用別人的腦袋

我深知單靠自己的腦袋要快速成長，難度頗高，最有效的方法就是借用別人的腦袋，學習艱澀的知識和技術，大大縮短學習曲線。除了先生，我原先就有幾位朋友和鄰居也在投信投顧界服務，多年和他們相交、隨時請益，更增添了我的財經底子。

其實，長官對於我轉調財經組，難免心裡有疑慮，因爲我既非財經系所畢業，也從未待過財經媒體，萬一我表現不如預期，不小心陣亡，還不如乖乖待在已駕輕就熟的體育組，對報社更有貢獻。

長官的苦心我能體會，但我不放棄，努力爭取，我跟長官報告：「您知道我爲了想調財經組，做了哪些功課？我每天看盤勢變化，在家摹擬寫分析稿，也拜託原已熟識的基金經理人朋友，假裝讓我受訪，試著寫專訪稿，還去上財務報表課程，分辨公司體質的好壞，雖然我不敢保證將來會成爲全報館最優秀的財經記者，但請相信我一定會盡全力表現；如果三個月之後，讓您失望了，您再把我調回來，我一定毫無怨言。」

長官看我有破釜沉舟的決心，終於點頭了。在獲知調組成功的那天，我一則以喜，願望終究實現；一則以憂，因爲挑戰才剛開始，我眞的要上戰場，在前方和敵人（媒體同業）捉對廝殺了。

幸好，這一路走來，包括後來離開報社，跨入雜誌社，不敢說我的表現是大鵬展翅，但也還算稱職，偶爾有些佳作。這樣的成績，得歸功先前紮實的練兵，如果等上火線的前一刻，才想臨時抱佛腳，恐怕一下就滅頂了。

所以，「台上十分鐘、台下十年功」，職場就如同戲台，沒有萬全準備前，慌亂上台，必定荒腔走板、貽笑大方，甚至失去下一次的演出機會。相反的，即便只是跑龍套的新手，事前精心演練，上台後專心扮演所屬的角色，不怕苦、又耐操，「戲棚下站久了，就是你的」，未來一定能擔綱重要角色。

時機成熟，就能破繭而出

我曾看過一場歌唱選秀節目，一位面容姣好的年輕美眉，因先前預賽表現良好，備受矚目，結果複賽一開口，音準沒到位、搶拍，還連續好幾句落詞，想當然爾，立刻被淘汰。

當她看到評審給予無情的分數時，眼淚不禁流了下來，自顧自的解釋：「因爲緊張，所以忘詞；因爲這幾天練唱比較累，不小心感冒了，音準才比較差……」話才剛說完，評審就義正詞嚴的提醒她：「這些都不是理由，如果妳要哭，請在練唱的時候哭，這表示妳練得很累、或者遇到瓶頸，想求突破；到了比賽現場才哭，實際上又沒受到什麼委屈，多數觀衆會認爲妳是受不了挫折。」

評審的話雖然嚴厲，卻也點出一個事實——舞台是屬於做好周全準備的人！如果以爲靠著三腳貓功夫，就能在台上發光發熱，成爲超級巨星，就未免太瞧不起觀衆的眼光。

職場也一樣，我聽過不少年輕上班族抱怨著：「倒楣死了，公司重要的位置都被某些人『卡』死，想升官加薪，再怎麼努力也沒用，還不如走後門、靠人情比較快。」

確實，我看過幾位擅長逢迎巴結的上班族，在衆人一片錯愕聲中，靠著人情、送禮，順利爬上了官階，初期也因背後有很硬的後台支持，讓部屬不敢多言；但日子久了，一旦被發現缺乏眞才實料，很快就會被看扁，辦公室耳語漫天飛起，不僅對下的領導統御能力盡失，也逐漸喪失大老闆的信任，最後只好被迫交出主管的位置。

還記得《天地一沙鷗》故事主角岳納珊吧？牠不甘心當一隻在沙灘上搶食小魚和麵包屑的海鷗，爲了學習更高境界的飛行，就算被逐出鷗群，就算練習時差點摔得粉身碎骨，也從沒忘記心中的目標——要飛得更高，才能看得更遠！

牠忍受了一次次的嘲笑、孤獨、挨餓，和從不間斷的受傷，終於，在歷經N次失敗，拿捏所有飛翔訣竅之後，以完美高超的技巧，飛向了藍天的另一邊，寫下了自身的飛行紀錄。

你也想在職場上展翅高飛嗎？現在，就請你拿出紙筆，反覆思考，寫下達成目標的計畫，從中發掘自身該充實的條件和知識、技術，並一步步的去學習，等時機成熟，就能破繭而出，飛上屬於自己的天空。

十足的準備，只爲尋求一次重要的登台機會。你，還在猶豫什麼呢？

不停超越自我的方法

人是個很奇妙的動物，往往會誇大自己的優點，並刻意忽略競爭對手的優點，以達到自我安慰的功效。想在職場上不停自我超越，不妨參考我的方法：

1. **做性格和專長測驗**：許多公司的人資部門會替員工進行性格和專長測驗，藉此科學化方式，了解自身的優缺點，並試著找出改善之道，培養更多元的競爭力。
2. **直接請教主管**：無論是年終考績會，或調組、離職時，都可直接請教主管自己還可以加強的部分，可能會得到意想不到的答案。
3. **就算爭取失利，也要了解原因**：極力爭取轉調單位或升官失敗後，要弄清楚原因為何？並請教相關的人事主管，了解自己還應加強的地方，讓對方看到你的企圖心。

把可怕的小人當可愛的貴人

被人惡意詆毀

二〇〇八年，有好幾位韓國明星自殺，令人相當扼腕，其中，崔眞實因飽受惡意中傷而走上絕路，引發了一連串該如何控管網路不當言論的討論。

崔眞實原本就患有憂鬱症，在男星安在煥自殺後，有人在網路上爆料：「是崔眞實放高利貸逼死了好友。」儘管崔眞實極力闢謠，但三人成虎，無論她怎麼解釋，網路上的謠言越傳越廣、越傳越快，她在心力交瘁之下，決定以死自清。

看到這則新聞，我替崔眞實感到非常不值，因爲那些刻意攻擊她的人，見不得她過好日子，偏偏這位被人們喻爲「永遠灰姑娘」的當紅女星，放不下這些謠傳，再加上單親媽媽的身分，讓她在保守的韓國社會備感壓力，最後落入了謠言的圈套，向死神靠攏。

謠言的可怕，我相當能體會，因爲在十多年的職涯裡，我就有好幾次被人惡意詆毀的經驗，眞的讓我百口莫辯。有一次是發生在女廁所，因爲不停拉肚子，我坐在馬桶將近二十分鐘，突然間，兩位女同事走進來，邊如廁邊閒聊：「我覺得燕俐寫的文章沒啥了不起，還不是因爲懂得抱社長大腿，才讓她常常能寫封面故事。」「對啊，我覺得她很自大，每一期都提前交稿，就是要證明她比我們都優秀。」

天啊，我不敢相信這是出自平日相處愉快的同事口中，莫非是我神經太大條，看不出她對我的敵意？還是，她的「兩面人」功夫了得，讓我毫無警覺？就在她們數落完我的總總不是，並步出洗手間之後，我失落的慢慢走回座位，回想自己是不是有哪些態度應該修正。然後，再裝作若無其事，參與題目會議。

這場「震撼教育」對年輕的我來說，上了一堂寶貴的課，也讓我提早打了「預防針」，面對這種無由來的誣衊，唯一的解決方法就是：不理它！甚至還要端出更好的工作績效，氣死這些小鼻子小眼睛的人。

路邊的死狗有人會去踢嗎？

幾年後，另一場造謠，更讓我遍體鱗傷。某家企業負責人透過獵人頭公司，表達對我的濃厚興趣，並指派一位主管和我面談，左等右等，始終等不到這位主管的來電，我便鼓起勇氣，主動撥了電話給對方，沒想到，得到一個很詭異的答案：「我最近比較忙，等過一陣子，會請祕書跟您聯繫，再約meeting時間。」

我只好靜心等候通知。一個半月後，獵人頭公司特地來電，用不解的口吻問：「盧小姐，我認爲那個職缺很適合妳，可是，爲何妳執意要那麼高的年薪和位階呢？太可惜了！」聽得我一頭霧水。等等，我始終沒有參加面談啊，更別說開什麼條件。

就在我和獵人頭公司對過細節之後，才發現，原來「有人」不願讓我進這家公司服務，至於詳細原因，一時片刻也猜不出來，而我只想立刻釐清事實，別讓賞識我的企業老闆有誤會，於是連夜寫了封信過去，說明事情的來龍去脈。

幾天後，獵人頭公司找我吃飯，聊到這件「懸案」，我苦笑著說：「我不知得罪了何方神聖，才會落得這種下場！已經有人到處說我故意拿翹，自食惡果！」這位獵人頭前輩，長我將近十歲，果然是見多識廣，說了句至理名言：「盧小姐，換個角度想，有人刻意中傷妳，妳應該感到高興，這表示妳具有強大的威脅力，妳想一想，路邊的死狗有人會去踢嗎？」

很顯然，我不是一隻「死狗」，而是一隻勇於死纏爛打的「活狗」（事實上，我的生肖恰好也是屬狗），難怪「有心人」會覺得礙眼。儘管我不知道這位「有心人」到底是誰，又有什麼樣的目的，但我十分確信：我不會因此被打敗！就算進不了這家公司，還是有其他不錯的工作機會，與其把時間浪費在把「有心人」揪出來，不如加強自我實力，終有一天，還會再遇上伯樂。

感謝小人，給了我們向上提升的力量

在職場上稍有競爭力的上班族，難免會跟我一樣，遇到心懷不軌的小人。事情發生的當下，不外乎會出現：難過、傷心、不可置信等一連串的情緒反應，但事過境遷之後，反而要感謝這些小人，給了我們向上提升的力量。

以我剛剛提到的廁所故事爲例，爲了不讓那兩位女同事有把柄，我每天小心翼翼的工作，企畫獨特角度的專題、約訪不輕易露面的大老闆，就算是主管臨時交代、非我專長的主題，也務必在期限內使命完成。

到了年終，我的考績依舊維持在整個部門的前三名，我很清楚，這是我應得的，卻也同時感受到辦公室裡不一樣的眼光和氣氛，有人不再找我相偕共進午餐，也有人帶進零食和大家分享總會刻意跳過我……

但另一方面，也有同事和我共同完成專題之後，成了莫逆之交，也有讀者來信說看了我的報導受益良多，主管更要我繼續加油，當他得力的左右手。我越來越明白，在職場上，只要有人的地方，就一定會有各式各樣的問題，我不可能讓每個人都開心，唯有堅持自己想走的路，無須理會偶爾掉進鞋子裡的小石頭，就能勇敢的朝著夢想前進。

就此來看，小人和貴人，其實只在一線之間。聽聞小人的種種言論，切記寬心、放下，不當回事。畢竟小人之所以是小人，內心大多脆弱不安，既然無法彰顯自己的工作成果，只好私下持續放話，傷害瞄準已久的「假想敵」。

如果不把小人當可怕的小人，而是當可愛的貴人，他們越罵、我們越爭氣，相信日子久了，他們越發無奈，得利的反而是不斷力爭上游的我們。

減少混蛋對你的傷害

朋友曾送我一本書，書名是《拒絕混蛋守則》，說是裡面有各種實戰方法，可以遠離小人。我認真翻閱，發現作者羅伯．蘇頓教授提出的建議，還滿管用的。

1. **減少面對小人的機率或時間**：研究發現，同樣開一場會，站著開會的小組比坐著開會的小組，達成決議的時間少了百分之三十四，但決策品質毫不遜色。換句話說，站著開會可以有效減低接觸時間、降低摩擦，遠離小人。
2. **建立可以躲避小人的藏身之處**：多跟好人聚會，讓自己喘口氣，即使真的被小人暗算，至少也要有可以訴苦的同事，讓情緒得以抒發。
3. **做好心理建設**：如果到頭來真的無計可施，被迫要面對小人，也只能先自我心理建設，不被流言擊退，設法努力在職場上生存下來，再談後續的應對之道。

現在的壞運造就以後的好運

壞運和好運常在一線之隔

常常覺得自己運氣很差，在人生的路上，缺乏幸運之神的眷顧嗎？其實，壞運和好運常常都在一線之隔，唯有不把壞事當作壞運，才有機會讓壞事造就日後的好運。我的成長過程，就是最佳佐證。

國中時，我非常叛逆，在那個升學主義主導的年代，學生只有衝刺成績的份，根本不用談自我理想和人生目標。導師認爲我資質不錯，不論小考、段考，都幫我設定分數的低標，只要沒達到要求，通常少一分就是挨藤條一下。

偏偏我是個很有想法的少年人，認爲青春就該浪費在最美好的事物上，所以，當同學們都在熬夜K教科書時，我逆向操作，把瓊瑤、倪匡小說和世界文學名著捧在掌心，徹夜長讀，若還有時間，再稍微瞄一下明天要考的科目。

可以想像，我的成績自然不佳，老師也多次表達對我的失望。但是，我彷彿把「被挨打」這件事看得稀鬆平常，甚至和同學研究出被打之前在手上抹一層萬金油，就能有效減輕疼痛。

整個國中時期，我大概只有國文表現出色，尤其是作文，幾乎只要一看到題目，無需擬大綱，就能信手拈來，一氣呵成。其他的科目，不是表現平平就是墊底。特別是當我讀完偶像珍．奧斯汀的一連串作品後，更立志將來要以文字工作爲生。

同學看我天天被打，覺得我運氣很差，遇到一位「特別欣賞」我的老師，才訂下較高的標準。我也從沒想過，是否認眞讀就一定考得上第一志願，我滿腦子想的都是《傲慢與偏見》《理性和感性》《大亨小傳》和《小王子》的劇情和鋪陳方式。

放榜了，北聯我吊車尾，考上泰山高中，五專則上銘傳。我自認考得不錯，因爲讀書時間不長，從投資報酬率的角度看，算是績效不錯。可惜老爸不這麼想，因爲姐姐當年考上師專和北一女，我竟然「只有」銘傳可以讀，聽到消息的那一刹那，老爸爆出青筋，拿出衣架，狠狠的把我痛打一頓，打得我哭到求饒。

不過，哭歸哭，很快的，我又去文學世界自尋樂趣，也忘了爸爸常掛在嘴邊的：「看這麼多小說有什麼屁用，又不能當飯吃！」五專時期，除了認眞打工，剩下的時間就繼續放蕩，優遊在自己的閱讀王國，期中和期末考向來都是臨時抱佛腳，學期排名從來沒有擠進前十五。而我從來也沒在乎過，覺得分數和文憑一點也不重要。

把「吃苦」當「吃補」

直到專科畢業後，一心想進大報卻始終落空，才發現文憑眞的是職場重要的「入門券」。好吧，爲了證明自己的能力，我也來趕趕流行，跟同學們一起參加插班大學考試。

因爲沒錢補習，也沒時間去大學旁聽，只能去舊書攤買便宜的教科書，以土法煉鋼的方式自習。苦讀四個月後，我居然同時考上台大、東吳和東海社會系，仔細一看各科成績，各校國文科我普遍拿高分，而國文考的就是我最擅長的作文。

想一想，非常不可思議，當年害我被揍，被師長認定是「無用的課外讀物」，奠定了我良好的寫作基礎，也培養豐富的想像力和清楚的邏輯推演，讓我無論遇到什麼主題，都能自在發揮，也進一步改變我的命運，讓我從「專科生」一躍成爲「台大人」。

上了大學，一方面要自食其力，到作文班教課，另一方面也得兼顧功課，幾乎都沒有玩樂的時間。曾有學生家長跟我說：「如果妳是我的孩子，我一定極力栽培妳，不讓妳吃那麼多的苦。」

把「吃苦」當「吃補」似乎是我的本能，我從來不覺得倒楣，生長在經濟狀況不好的家庭，也不會怨嘆父親沒有好好培養我。只知道自己的命就像油麻菜籽，就算欠缺陽光和土壤的照顧，也要勇敢活下去，綻放耀眼的花朵。

因爲從來沒念過大學，很擔心跟不上來自高中名校的同學，針對比較難的科目，我採取課前預習、課後複習的方式，沒想到期末成績揭曉，我居然拿了第一名，而且老師死「當」越多人的科目，我的分數越高。

從沒料到在一群資優生當中，我可以獲得第一名。這件事給了我莫大的啓示：原來，勤能補拙一點也不假，和同學比起來，我的反應不算快、記性也不太好，可是我願意多花時間多準備，就比別人多一分勝算。老天爺對我眞是太公平了！

笑得越大聲，黑幕卸下得越快

大四下學期，同學們都準備考托福或研究所，我又再一次趕流行，跟著報考政大新聞所。由於準備時間只有短短兩個月，我幾乎不抱希望。尤其當年新聞所火紅的程度不遜於企研所，錄取率大約都只有百分之一至二，能考上堪稱祖上積德。

放榜當天，我懷著忐忑不安的心和同學一起去看榜單，結果驚奇的事發生了，居然是我考上，準備很久的同學卻落榜了。我百思不得其解，明明就沒有答得很順啊，怎能金榜題名，是不是分數算錯了？

接到成績單那一刻，我豁然開朗。我的國文作文居然拿到七十幾分，比其他考生多五成到一倍，彌補其他專業科目分數的不足；最妙的是，我是倒數第二名考進，只贏最後一名零點五分。

換句話說，只要我作文少拿兩分，就極有可能落榜。這眞是戲劇性的一幕：作文再次改變了我的命運，讓我從昔日的「專科生」變成了「研究生」。有誰會想到，青澀歲月裡看似不中用的興趣，實則是人生戰場最佳的祕密武器。

回想起來，如果當初因爲師長反對我閱讀課外讀物，我就乖乖的專心應付高中聯考，那麼，現在我的寫作能力一定大打折扣，不見得能順利考上台大和政大，更別說畢業後當了記者，靠「筆」吃飯一路順遂。青少年時期天天被打的噩夢，反倒成就今日的競爭力。

覺得自己現在諸事不順，有嚴重的無力感嗎？相信我，命運之神雖然幫你寫好了劇本，但你可以決定在台上要哭還是要笑，笑得越大聲，黑幕卸下得越快，轉換場景後，人生必有一番新景象。

可以平凡，但不要平庸

很多上班族大嘆：「工作難尋、好職位都被人『卡』死了，升遷又無望，有飯吃就偷笑了！」人生真的要這麼悲觀嗎？

有「飯店教父」之稱的亞都麗緻旅館系統總裁嚴長壽，曾說過一段話，讓我感觸良多：「假使你懷才不遇，得到的是平凡的工作，過的是平凡的生活，但也不要變成平庸的人生！」

他的意思是：「假使你做的是很無奈的工作，你可以讓自己聽聽音樂、學學畫畫，從其他領域得到充實的生活，也可以去幫助別人。這時，做的雖是謀生的工作，卻仍有充分的時間去享受生命。」

我搭過一輛計程車，一坐進去，就被車裡播放的古典樂懾服，彷彿親臨音樂會現場。我問司機：「這樣的配備不便宜吧？裝在計程車內會不會顯得過於貴重？」

他給了我很有哲理的答案：「開車七年多來，前後花在音響設備的費用高達八十萬元，同行都我說瘋了，但這輛車就像是我的第二個家，每天在這邊工作，能讓自己和乘客都聽到好音樂，這就是幸福的人生！」顯然他已體會工作的真諦。

心不受限，能力就不受限

想要什麼，就盡力爭取

我的人生轉了好幾個彎，從五專生變碩士生，從體育記者變財經記者，從平面媒體跨到電子媒體，也從當年的「洗碗妹」，變成自行出來創業。這一路走來，確實辛苦；與其說我能力強，不如說我從不畫地自限，想要什麼，就盡力爭取，就算最後希望落空，也覺得比原地不動、徒留遺憾要來得有意義。

當我還是一名窮困的五專生時，從未想過有一天能進國立名校就讀，也從未料到會得到一連串的工作機會。也許命理師會說：「那是因爲妳運勢不錯啊，自然機會也比別人多！」可是，如果我不夠積極，不懂得用對方法，一心只想守株待兔，只怕連大學都考不上。

其實，人生每轉一次彎，我的內心就會交戰許久。考大學時，擔心名落孫山，浪費了四個月的準備期；剛開始上電視通告時，也自認不會表演，口才不夠好，想走「中肯、專業」路線，似乎不及某些善於譁眾取寵的名嘴易於匯聚人氣。

然而，往往只要轉念一想，我的鬥志就會被激發——浪費四個月也不是什麼了不起的事啊？還有人研究所連續考了三年才考上，四個月算是小case，而且只有少賺十幾萬元（那時在當代課老師），不算太嚴重啦；不會表演也沒關係啦，「當自己」最重要，觀衆一定看得出來你認眞研究、不和主力掛勾、不會趁機倒股票，除了電視效果之外，更要比的是氣長……

一旦決定了志向，我就不會隨便中途放棄，因爲我堅信，除了天才和腦部受損者之外，其餘多數人的智商差距並不大，造成課業成績和工作績效天差地遠的原因，主要還是在於態度和執行力。

該得的，老天爺絕對不會虧待

記得剛進台大時，十分擔心課業跟不上，偏偏週三下午的課全不能上，必須趕去安親班教作文，再加上週一、週五和週六傍晚，也有排作文課，使得我可以讀書的時間所剩無幾。

爲了讓讀書更有效率，在課堂上，我一定專心聽講、認眞做筆記，特別艱澀的科目，像是統計學，課前的預習可以讓我快速掌握重點，課後的複習可以加強理解，雖然室友常笑我：「燕俐，妳有沒有搞錯，大學是用來玩的，不是用來讀的，妳根本不像個大學生。」但我不以爲意，堅持要做好份內的事。

第一學期結束，莫名其妙，我就得了「書卷獎」，成績名列班上第一。那時我才發現，啊，讀書眞的不難耶，只要全神貫注，即使所花的時間不長，成績也不見得比別人差。在後面的五個學期，我又拿了兩次「書卷獎」，最後以系上第一名畢業。

對於一個從未想到會進台大讀書的人來說，「第一名畢業」自然也不在我人生目標當中，年輕的我只是單純的想：先不要自我設限，試試看能否在有一份固定收入的同時，課業成績也維持一定水準，盡力去做，享受過程中的甘與苦，該我得的，老天爺絕對不會虧待我，不該我得的，我也要歡喜接受。

因爲心不受限，我的視野放寬了；也因爲心不受限，願意多方嘗試，潛能反而被順勢激發出來，進一步培養種種能力。

相反的，只要心受到了限制，就算資質再好，能力也無法被展現。

不要故步自封

我有個朋友，台大文學院畢業後，就在出版社擔任編輯，去年公司業務縮編，他因爲年過四十，薪資成本較高，成了首波被資遣的對象。失業半年多，他一直找不到喜歡的工作，我建議他乾脆試試別的領域，可能機會還比較多。

「我記得你外文能力不錯，可以翻譯外文書，或替雜誌社翻譯外電啊？」朋友聽了，一臉驚恐的說：「可是我沒做過翻譯啊，年紀又這麼大，不會有人要我的！」

「不然，從事保險業如何？我學姐是保險公司的高階主管，急需人才，他們只在乎工作態度和潛能，年齡、性別、婚姻狀態都不是問題，甚至沒有保險經驗最好，還有完整的教育訓練和保障底薪，値得一試。」朋友想都沒想，又直接拒絕：「燕俐，妳太天眞了，我從來沒做過業務，我不認爲自己會成爲優秀的業務員。」

聽到他不停的自我否定，把自身侷限在既有的框架內，我決定沉默以對，再也不幫他想出路了。

說他笨，似乎不盡然，他可是聯考裡的佼佼者，一路過關斬將，把許多人都比了下去；倒不如說，他習於故步自封，活在自己的世界，才會在還沒正式跨出步伐前，就把機會推向門外。

想要改變人生，就從改變心念開始

我不敢說自己的事業很成功，但依過去的採訪經驗，我發現，許多有成就的人，都有一個共同的特色，就是：內心世界無限寬廣，不會墨守成規，不管過去的學經歷，勇於接受各種改變。

像是我非常欽佩的歐德服飾總經理何玉玲，雖然只有國小畢業，但她從不放棄學習，到補習班接受專業的服裝設計、櫥窗布置等課程，練就了一身好功夫。直到二十五歲那年，遭逢婚變，必須獨自撫養兩個孩子，爲了求生存而正式創業。

創業初期，她校長兼撞鐘，設計、裁縫、業務兼煮飯，樣樣親力親爲，常常得做到半夜三、四點才得以休息。隨著事業體規模越來越大，她擔心所學不足，又在公司和補習班兩頭跑，分別學習管理、財務、人資、生產流程等相關專業知識，長達十年。

正因爲何總經理不害怕改變，對於陌生領域不但不排斥，還用心研習，終於從一個小小的裁縫師，搖身一變爲橫跨兩岸服飾業的女大亨。

想要改變你的人生，就從改變心念開始！記住，你的心有多寬闊，來到人生轉彎處，你的路就能走得有多長！

贏在人生轉彎處

來到人生的十字路口，面對無法掌握的未來，難免會徬徨、猶豫。想贏在人生轉彎處，並非不可能，以下做法供參考：

1. **參加職訓**：勞委會和青輔會提供上百種的職業訓練課程，舉凡餐飲、設計、美容、電腦等皆有，雖不見得能立刻找到新出路，但有了新的刺激，必有新思維。
2. **加入潛力產業**：綠能、博弈、生醫產業最被看好，又有政府政策扶持，想辦法加入這些產業，即使薪水被打折也值得。
3. **熬過黃金三個月**：無論是自行創業，或尋覓到新工作，前三個月在摸索期，鐵定問題叢生，但若能因此熬過，堅持下去，將才能發揮出來，就有機會創造事業的另一春。

PART 3
避免絕境的財務規畫

存款是最佳後盾

別一時心軟為人作保

有保存期限的銷售話術

夜市大王慘賠兩千萬的啟示

用負債式理財擺脫月光族

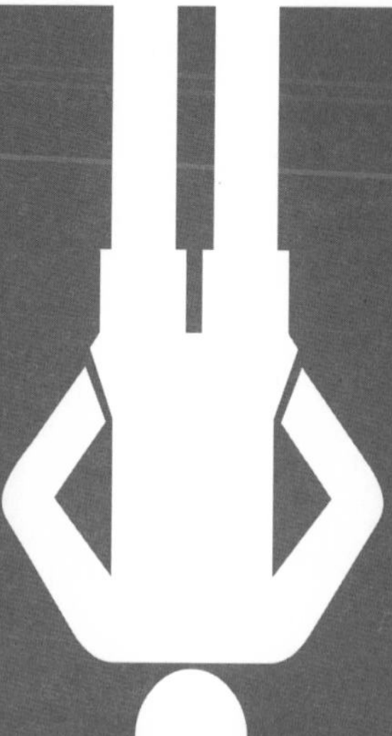

存款是最佳後盾

儲蓄的力量

「經營之神」王永慶說：「你賺的一塊錢不是錢，你存的一塊錢才是錢。」霖園集團創辦人蔡萬霖則說：「賺錢是徒弟，存錢是師父。」注意到了吧，這兩人都曾當過台灣首富，儘管經營的事業領域不同，但都強調儲蓄的力量。

存錢的重要性，在於可避免過度浪費，穩健的累積財富，萬一生活發生變故，才有足夠的周轉金，讓個人或家庭度過危機。以我來說，失業當天回家，除了抱著老公痛哭，還做了一件事，就是把四個銀行戶頭裡的存款，仔細算了一下，看看在完全沒有收入的情況下，還可以「撐」多久。

我原本就不是個會亂花的人，每月平均消費一萬多元，以總存款除以消費狀況，發現就算未來二十年都沒有工作，也還可以餬口，頓時心中壓力減輕許多。但轉念一想，二十年後我也不過五十九歲，五十九歲身無分文要比三十九歲身無分文可怕（因爲年紀大賺錢更不易），還是認眞尋找新出路比較要緊。

同樣是失業，一位竹科工程師的際遇，就跟我大相逕庭。他原本就是「愛買一族」，只要見到最新的3C產品，幾乎都會忍不住買回家。二〇〇八年發生金融海嘯，公司業績大減，他也丟了工作，等收到信用卡帳單和房貸催繳單，才驚覺戶頭裡根本沒錢。

爲了保住房子，他只好變賣酷炫的3C產品，並四處跟親友調頭寸，才勉強度過難關。在接受媒體採訪時，他特別戴上棒球帽，把臉側一旁，以後悔的口氣說：「我從沒想過會失業，長久以來，花錢如流水，現在，我總算體會到存錢的重要了。」

正視存錢的重要

事實上，儲蓄的確是美德，對保守型的投資人來說，把錢放在銀行賺利息，是最安穩的一種獲利方式。但問題是，爲因應金融風暴，世界各國紛紛降息，台灣央行也從二〇〇八年九月起，連續降息七次，累計降幅達2.375%，眼看目前一年期定存利率還不到0.8%，讓許多定存族大喊「錢難賺」！

在此低利率的時代，我認爲，看待儲蓄要有新思維，存錢並不是爲了要讓錢快速長大，而是防範於未然，當作維繫家庭經濟的最後一道防線。也就是說，錢還是要存，但不必把所有可運用的金額通通存下來，而應撥出一部分，投入適合自己的投資工具，也許是買績優龍頭股，也許是定期定額買基金，才能讓錢幫你賺錢，有效累積財富。

我很喜歡《點石成金》這本書所提到的理財方程式：

窮人的理財方式：收入－支出＝存款
中產階級的理財方式：收入－存款＝支出
富人的理財方式：收入－存款－投資＝支出

用白話文來解釋。有些人雖然收入不錯，跟上述提到的竹科工程師一樣，月賺六、七萬元，可惜拿到薪水之後，除了應付固定的開銷之外，沒有進一步區分「需要」和「想要」，導致東買買、西花花，還沒到月底，就成了「月光族」，有的甚至負債累累，經濟狀況越來越向窮人靠攏。

相反的，即使月薪只有兩、三萬元，但領到錢之後，不急著亂花，而是有計畫的儲蓄，在扣掉想存下的金額後，再依食衣住行育樂各種項目，編列所需的預算金額，據此進行消費。由於每月都能固定擠出一筆錢，長期下來，就算不能大富大貴，至少也能成為衣食無虞的中產階級。

至於富人的理財方式，和中產階級最大不同處，就在於用錢滾錢，以自己最擅長的投資工具，透過複利的驚人效果，累積出一大筆財富。當然，投資並非萬無一失，富人們都懂得利用資產配置，來設法降低風險。

親愛的讀者，當你讀完這三種理財方程式，請你靜下心來，仔細想一下，自己的理財行為屬於哪一類。如果還停留在窮人階段，請你務必要立刻採取行動，一方面戒掉不理智的消費模式，另一方面，也要正視存錢的重要，採取各種強迫儲蓄的方式，不再讓錢瞬間蒸發。

定期定額讓財富增長

正因爲成長過程吃了不少苦頭，使我對於「沒錢」這件事，深感不安，也因此練就了一身「守住錢財」的好功夫。踏入職場後，我每月都把一半以上的薪水存起來，再加上兼差所得，不到三年，就存下百萬元，擁有了人生的「第一桶金」。

相較下，同業美慧收入跟我差不多，但始終抱持著「享樂主義」，工作十年來，存款從沒超過五萬元。直到婚後生了孩子，經濟壓力與日俱增，才驚覺有存款、有資產，才足以建構家庭財務的安全網。

偏偏她很難養成儲蓄的好習慣，薪水一發下來，就忍不住消費。我便建議她：「乾脆買棟房子吧，每月固定拿去繳房貸的錢，就當作是強迫儲蓄吧。」她和先生商量後覺得有理，頭期款不足的部分，先向雙方家長借，然後再向銀行貸款八百萬元，從「無殼族」變成了「有巢氏」。

如今，美慧繳房貸正邁入第四年，房價也因地段不錯，增值兩成多。看到她已經告別窮人的理財方式，我比誰都還要開心。因爲採訪過那麼多億萬富翁，我認爲，要成爲富人並不容易，有的是在事業上有卓越成就，把專業化爲財富；有的則是在投資領域下過很深的功夫，以精準的眼光挑到獲利數倍的標的，唯有從窮人變成中產階級，只需嚴格控制支出、設法增加存款，難度較不高。

如果你像美慧一樣，就是控制不了消費，除了養屋來強迫儲蓄之外，選擇一檔市場口碑佳的旗艦型基金（旗艦型基金就是指代表該發行公司的基金，如富蘭克林坦伯頓成長、永豐永豐等）定期定額扣款，多年之後，對財富增長也具正面的效果。

信封理財法

存錢真的很難嗎？一點也不，國內外流行多年的信封理財法，很適合收入不多或月光族嘗試。

1. **領薪就編預算**：領到薪水之後，並不急著花用，而是依照食衣住行育樂、儲蓄、緊急預備金等各項目預算，將所需金額放進信封裡，並在信封上面寫上項目名稱，一旦發現其中一個信封裡的錢快透支，就要緊急踩煞車，想辦法減少花費。
2. **若有結餘，再拿去投資**：最理想的情況是，每個信封到了月底都有結餘，再加上原本就設定好的儲蓄金額，使得能夠存下來的總金額更多。在台灣，有對歐姓夫妻就是靠著信封理財法，養活了六個小孩，也買了房子，還把結餘拿去投資股票和基金，小有獲利。
3. **設法擠出多餘的錢**：美國伊科諾米季斯夫婦也是使用信封理財法的高手，他們堅持「各項花費永遠不能超過信封內八成的金額」，使得年收入雖低於一般美國家庭，但一家七口的生活品質絕不輸人。

別一時心軟爲人作保

葉樹姍替前夫作保背債

這個社會上，充滿了各種好人和壞人。好人往往見義勇爲、拔刀相助，卻忘了有些陷阱是惡人刻意挖洞，讓你自動跳進去。每每看到一些幫人作保而傾家蕩產的案例，我就不禁會有這樣的感慨。

名主播葉樹姍，一直是我非常尊敬的新聞界前輩，外界看她播報風格沉穩，事業一帆風順，卻不知在堅強的外表下，曾有過一段淒慘的婚姻，甚至還因替前夫作保，背債四千兩百萬元，歷經地下錢莊討債和黑道威脅，身心俱疲，最後藉由宗教的力量，才獲得心靈的寧靜。

她的前夫吳德堅是私立中國海專創辦人的兒子，也是正大尼龍的股東，一九九八年，因周轉困難，向銀行和私人借貸，要葉樹姍擔任保證人。當葉樹姍接到電話時，立刻予以拒絕，不料，她的前夫竟開車到她上班地點，由於她正要出門主持一項活動，車子被擋出不去，在被迫於無奈的情況下簽了字。

這一簽，才短短幾個字，就此改變了她的人生。在前夫不還錢的情況下，她竟成了負債累累的罪人，為了還債，她早上做廣播、晚上做電視，每月有三分之一以上的薪水被法院查扣，數年來還債已超過四百萬元。

離譜的是，到現在，前夫為何會欠下四千兩百萬元的債務，她始終搞不清，只知道簽了名、印章被挪用，在法律上，她就站不住腳。除了結束這段傷感的婚姻，就只能認真工作，解決債務。

葉樹姍曾懷疑，前夫和債主似乎有協議，刻意設下作保圈套，讓她背上鉅額債款。但懷疑歸懷疑，因為缺乏具體事證，她是保人，就必須負起還債的責任。至今，她還在債務堆裡努力求生存。

資深藝人孔蘭薰的例子

看到葉樹姍的新聞，相信很多朋友跟我一樣，都感到非常心疼，也提醒了大家，替人作保風險真的很大，就連親人也不能不防。資深藝人孔蘭薰又是另外一個例子。

孔蘭薰的大女兒和女婿開卡拉OK店，因出現過多呆帳未能回收，導致負債千萬，孔蘭薰護女心切，把所有的積蓄拿去救急，沒想到女兒竟然聯合女婿，背著她把兩棟千萬房屋拿去抵押，房子最後被查封了，逼得她也只能租房子住。

年紀大了，竟然連棲身之所都被剝奪，可以想見孔蘭薰有多沮喪。她一度長帶狀皰疹，甚至想自殺，接受電視台專訪時，難過的說：「這是家醜，是我管教不好，但親情永遠是最珍貴的，不會因此和女兒、女婿對簿公堂，只希望他們能勇於面對問題。」做媽媽的心情表露無遺。

熟悉銀行業務的人都知道，要把房子拿去抵押貸款，必須經過房屋所有權人的同意，在相關文件上簽名、蓋章，才能撥款，並不能委由其他親人或朋友代爲簽名。

換句話說，就實務上而言，孔蘭薰應該是有簽過相關文件，只是文件的內容是什麼，她有沒有仔細看過？抑或受女兒和女婿的誘導，根本還不及弄清事情的來龍去脈，就先簽了名，才造成她所說「在不知情的情況下，房子被拿去抵押」。

孔蘭薰的狀況，令人憐惜，也引發了圈內人討論：難道親情眞的是無底洞嗎？好不容易把孩子拉拔長大，就算沒有能力撫養父母，起碼也要財務自主，不拖累父母或讓家人擔心。

借與不借，考驗每個人的智慧

其實，就我和周圍朋友的經驗，無論是作保或借錢，當親人跟你開口時，眞的很難立刻拒絕，畢竟如果連有血緣關係的人都不相挺，巨大的財務壓力可能會逼人做出傻事，若釀成終身遺憾，就很難挽回了。

所以，在作保與否、「借」跟「不借」之間，確實考驗著每個人的智慧。我個人認爲，維繫親情固然重要，但也必須衡量對方的還款能力和自己的財務狀況，免得借款者落跑，陷入財務危機的反而易主，變成了好心借錢的人。

假設對方沒有固定工作，或事業出現重大危機，已出現鉅額負債，就千萬不要飛蛾撲火，誤以爲自己是菩薩，可以幫忙解決所有的問題。以葉樹姍的例子來說，在常理下，如果她知道，簽名作保的代價竟要背負四千兩百萬負債，相信那天就算臨時缺席活動，她也不會忙著簽名。

我也曾有作保的經驗。幾年前，一位同事申請房貸，找不到保證人，請我協助。原本我也很排斥，但細看一下金額並不高，只有兩百萬，再加上同事的經濟狀況不錯，月薪將近六萬，我評估一下，只要沒有發生重大意外，她每月準時繳款不成問題。為了圓她買屋的夢想，我就當了好人。

一位同業知道後，要我三思：「妳怎麼這麼有把握她不會落跑啊？或者故意不繳錢，讓妳替他還？」我解釋，重點是貸款金額只有兩百萬，如果超過一千萬，就算交情再深，我也不會隨便答應。幸好，同事也很爭氣，每月按時繳款，從未讓銀行找過我麻煩。

小心駛得萬年船

曾有人說：「保這個字就是人＋呆，願意幫人作保的人，通常就是好騙的呆子。」我倒不這麼認為，如果全台灣的人都不願幫忙作保，較大額的企業和個人貸款就都不用進行了，將會阻礙社會資金的流動，不利整體經濟發展。

然而，在作保之前，絕對要調查清楚，若擔心對方存心隱瞞事實，在簽名、蓋章之前，可帶著錄音器材，詢問銀行承辦人員：這次擔任保證人會有什麼樣的風險？最壞的狀況是什麼，要負多大的責任？

通常行員都會據實以答，如果還有疑慮，不妨將文件影印，再去請教另外一家銀行，銀行為了爭取貸款業務，多數都會熱心回答。經過多方詢問比較，成為「好騙的呆子」機率就會大大降低。

至於有些刻意安排的「作保陷阱」，也許會設計得天衣無縫，讓人卸下心防，但還是一句老話：「小心駛得萬年船！」警覺性越高，就越能看緊自己的資產，順利跨過這些圈套。

你的借據有法律效用嗎？

借錢給別人，記得一定要寫借據，而借據寫的完整與否，攸關著是否具備法律效用，寫借據時務必注意幾個重點：

1. **一定要寫明債務人「借到」「收到」「收訖」借款等字樣**：否則，借款人可以辯稱並未拿到錢，放款人要順利討回錢，就必須再提出其他證明。
2. **保留匯款證明**：無論是ATM轉帳或臨櫃辦理，都有匯款證明，請妥善保存。
3. **最好一式兩份**：雙方各存放一份，底本由放款人存放，若有第三人在場作為證明，就更有法律效力。

借據範例：

借款人王小明於民國九十八年七月一日茲向盧燕俐借款共新台幣兩百萬元整，並於當日十六時收到，特立此據，以玆證明。

借款人王小明（簽名加蓋章，或蓋大拇指手印）

放款人盧燕俐（簽名加蓋章，或蓋大拇指手印）

中華民國九十八年七月一日

有保存期限的銷售話術

千金難買早知道

曾看過一句比喻，覺得十分傳神：「男人的甜言蜜語，就像鮮奶一樣，有保存期限。」意思是，女人啊女人，請勿把男人的花言巧語當眞，否則到頭來痛苦的還是自己。

我覺得這句話的精髓，用來比喻某些不肖的金融業者也很貼切，可以改寫爲：「sales的甜言蜜語，就像鮮奶一樣，有保存期限。」過於相信銷售人員的舌粲蓮花，自己又缺乏判斷力，損失了錢財不說，嚴重的還可能賠上精神狀況。

二〇〇八年九月，有一百五十年歷史的投資銀行雷曼兄弟宣布倒閉，頓時，購買雷曼兄弟連動債的投資人驚慌失措，有的是把畢生積蓄投入，有的則是將賣地所得全數砸下，眼看資產大幅縮水，除了痛心，還是痛心……

一位剛退休的伯伯哀怨著說：「我就是太相信理專的話，她說連動債是百分之百保本的商品，我信以爲眞，那些簽約文件內容複雜、字體又小，我根本來不及研究，很怕買輸別人，就簽了名。」

另一位年近四十的上班族也說：「乍看之下，我以爲連動債有個『債』字，類似債券型基金，應該是那種每年穩穩賺個五％、六％的商品，哪曉得它是固定收益型商品和衍生性金融商品的結合，如果早知道，打死我也不會買。」

是的，千金難買早知道，萬般無奈想不到。在多頭行情的時候，連動債也會獲利，投資人根本來不及抱怨，只嫌買的不夠多；未料空頭來臨，雷曼兄弟又關門大吉，相關連動債產品變成了一張張壁紙，徒留遺憾。

回問兩個問題

該怪誰呢？部分銷售人員盲目的誇大商品的報酬率，刻意忽略風險，難辭其咎；但民眾購買前若無法掌握產品的特色和風險屬性，就貿然投資，無異將自己推向懸岩的邊緣，只差一步就粉身碎骨。

所以建議大家，學學我「機車」的性格，無論是哪一種理財商品，當sales端出美妙的銷售話語時，千萬別被沖昏頭，反而應該回問sales兩個問題，如果對方都答不出來，就表示專業度不夠，或者想刻意隱瞞，爲了捍衛自身權益，務必跟這項商品說bye-bye。

這兩個問題分別是：

一、購買這項商品必須負擔的所有成本爲何？費用細項各是多少？如果萬不得已必須提前解約，又要付出多少手續費和解約費？還有哪些額外的成本，是說明書中沒寫到的？請sales拿出計算機，毫無保留的算給你聽，如果覺得成本結構有問題，就應立即釐清。

二、購買這項商品最大的風險是什麼？是變成壁紙，還是有一部分的本金可以拿回來？萬一發行公司倒閉，可以獲得什麼樣的保障？如果發現投資風險過大，並非自身能承受，就算預期可能會有超額的利潤，也不應貪心重押，最多就是撥出一點點資金，淺嘗布局，無論大賺或大賠，都不至於影響整體資產。

其實，就我所認識的金融機構從業人員，多數都很專業，服務態度也不錯，都希望盡量幫客戶賺到錢，繼續爭取其他的業績。只是金融商品千百種，第一線的銷售人員可能只受了短短幾天的教育訓練，就在時間的壓力下，被迫推銷和販售產品，要期待他們上知天文下知地理，還不如從自己做起，對有興趣的商品徹底研究，對聽了N遍還是不懂的就敬謝不敏。

不能靠小道消息和明牌

二〇〇七年初，曾有銀行朋友向我推薦雷曼連動債。由於先前我曾寫過連動債的專題，深知這個商品複雜度之高，連財經系所學生詳讀說明書之後，都不見得能全盤掌握，我只好跟朋友說：「請原諒我的資質愚昧，我無法說服自己投資一個難度這麼高的產品。」朋友沒有爲難我，我也因此逃過了一劫。

想一想，眞的非常有趣，人性的脆弱和不安，可以在銀行端和菜市場得到明顯的對照。無論是何種教育程度的婆婆媽媽或家庭主婦，到了零售市場買菜，幾乎都會習慣性殺價，不然就是精打細算，要求店家送點蔥、蒜之類的。

這是由於婆婆媽媽們自認對菜價敏感度很高，只要價格一有波動，或認爲漲得不合理，就會立即詢問商家，以推測是單純的氣候因素造成，還是有菜蟲刻意哄抬價格，並進一步決定要加碼或減碼購買量。

然而，場景換到銀行端。通常，婆婆媽媽們對於行員推薦的產品，就算一知半解，也會被「現在不買以後就後悔」的氣氛感染，衝動購買者不在少數，完全忘了應該拿出買菜的精神，詳加了解產品的優缺點，以及風險屬性是否適合。

並非婆婆媽媽們的理性都被蒙蔽了，而是對她們來說，許多理財商品非一時片刻可以理解，如果有專家可以代爲處理或幫忙推薦，就事半功倍。但世事難料，包括理專也好，投資達人或專家也罷，就連國際級的大師預測行情也會失準，把自己的財產完全寄望於別人身上，就像吸了嗎啡一樣，可以獲得短暫的快樂，卻失去累積理財眞功夫的機會，長遠的麻煩才正開始。

曾有幾次讓我十分洩氣的演講經驗，下課休息時間和演講結束後，衆人把我圍得團團轉，倒不是對演講內容有什麼疑慮，多是直截了當的問：「老師，聯電最近漲很多，我現在進場還來得及嗎？」「老師，妳跟主力那麼熟，妳可以給我一些明牌嗎？讓我也來賺一票。」

儘管我再三對聽衆強調：「請注意我判斷商品和行情的邏輯，以及行情走勢裡可能出現的種種現象，如果某些現象未如預期發生，行情的走法可能會改變……如果你們贊同我的邏輯，就可依此進行投資判斷和決策；如果不認同，也沒關係，投資市場裡本來就有各種聲音。」只可惜，不管我再怎麼解釋，大家最想知道的還是進出時點和個股價位，關於邏輯這件事，一點也不在乎。

難怪，十個散戶九個賠錢！一旦你眞能判別業務員銷售話術的虛實，也不天天靠小道消息和明牌度日，我認爲，至少你已經跨出成功理財的第一步了。

有理財糾紛該找誰協助？

「理專推薦我投資型保單，我買了一星期就後悔，該怎麼辦？」「爸爸參加投顧會員，發現投顧老師說的跟做的不一樣，要求退費，卻不了了之，可以找誰協助？」

1. **尋求主管機關幫忙**：遇到理財糾紛，可先和對方協商，看看是否有解決方法，若對方態度不佳，可尋求主管機關如金管會、財團法人證券投資人及期貨交易人保護中心協助。
2. **保單有十天鑑賞期**：法規規定，要保人要保單送達當天起算十日內，可以向保險公司撤銷契約，且不必付任何手續費，若業務員堅持不退，可向總公司申訴。
3. **錄音存證**：為了避免受害，有些民眾習慣帶著錄音筆，把業務員在銷售過程中所講的每一句話都錄下來，做為日後退回產品的證據。這雖也是一種方式，但如果購買前能多比較、做足功課，更能減少糾紛的發生。

夜市大王慘賠兩千萬的啓示

從「賺很大」到「殺很大」

這是一個眞實的故事。十幾年前，朋友阿芳嫁給了在夜市頗有名氣的小陳，小陳雖然學歷差阿芳一截，但高中畢業就出來打拚，在夜市販賣蜜餞、零食，事業有成，甚至還擁有一間店面，身價少說也有兩、三千萬元，能把終身託付給有爲青年，我們這些姐妹淘都替她感到高興。

小陳是個腳踏實地的生意人，從不積欠貨款，對員工也很大方，婚後不久，兩人愛的結晶就呱呱墜地，在外人眼中，簡直是一對神仙眷侶。阿芳說，老公平常沒什麼不良嗜好，唯一讓她比較擔心的是，喜歡短線進出股市，和經營事業的心態完全不一樣。

「因爲股市很好賺啊，只要一天漲個七%，一百萬的資金就賺了七萬元，比很多受薪階級還要好！」聽著小陳振振有詞，阿芳在無可奈何之下，也只能和他約法三章，一次交易金額最多不能超過三百萬元，免得影響家庭經濟。

前幾年，小陳確實照著做，就把買賣股票當作「賺外快」一樣，無論小賺或小賠都跑得很快。直到二〇〇七年初，台股攻上八千點大關，他覺得只用三百萬元資金投入股市很不過癮，便瞞著阿芳，逐步加碼。

當年七月，台股衝到九千八百點，小陳也賺了近三成，還帶全家去歐洲旅遊。回台之後，他認眞一想，隔年的總統大選馬英九應該很有勝算，按照多數財經專家的分析，台股即有可能直奔一萬五千點，甚至兩萬點，人生難得遇此機會，怎能不好好把握。

於是，小陳決定全力加碼，連公司所需的周轉金都拿出來使用，一次砸了一千多萬元。萬般沒想到的是，馬總統就任後，股市反轉向下，從九千三百點一路重挫，當跌到六千五百點時，小陳以爲就是相對低點，爲了要扳回一城，又把店面和房子拿去抵押貸款，加加總總又是上千萬元，甚至用融資買進，一心期待會「賺很大」。

結果，事與願違，台股反而是繼續「殺很大」，最後跌到了三千九百五十五點。由於他面臨融資追繳的壓力，在公司毫無現金，且飽受金融風暴衝擊，生意大受影響的情況下，他只好先把店面賣了，換取現金。

當店面被迫賣掉的那一刻，阿芳痛哭流涕，怪小陳不聽她的話。小陳則哀怨的說：「我也想多賺一點，讓妳和妹妹過更好的日子啊。」算一算，因爲小陳的貪念，竟損失了兩千多萬元。

這一堂價值兩千萬的課，對小陳來說，痛徹心扉。他說，幸好這次只丟了店面和現金，至少住宅沒有也一起賠下去，否則後果眞不堪設想；而經過這次教訓，他再也不敢貪心買股，也不碰超過自己財務狀況的槓桿操作。

恰當的資產配置才能成為贏家

我認識一位年輕的股市分析師，在龍蛇雜處的投顧業，他的品德算是不錯，既不會倒貨給散戶，也不和主力掛勾，原以爲他會員收得不錯，哪知有天閒聊時，他不小心透露：「客戶都嫌我的談話內容保守，老闆也覺得我在電視節目裡演得不好，會員人數一直沒有明顯增加。」

何謂「演得不好」？我不禁納悶了起來。「就是沒有直接跟觀眾朋友說，買了這支股票，可以立刻賺個五成、一倍，而且一定要拿出多數資金重押，人生就會從黑白變彩色，從彩色再上天堂！」

我可以理解他的心情。電視節目講求的是「電視效果」，越敢講、越會掰的分析師，往往紅得越快；偏偏觀眾是健忘的，就算分析師常常預測行情失準，只要這次「演得好」，可以挑動散戶進場的欲望，還是有人願意追隨他們。

我也曾經被電視台製作人要求：「燕俐，妳講行情可不可以不要那麼保守？什麼持股水位只要四、五成就好，這樣我們怎麼做節目啊？妳分明就是把觀眾拒絕在門外啊！」

眞是天大的冤枉，我絕非刻意保守，而是我認爲，無論再怎麼有自信，對行情再有把握，也一定要有資產配置的觀念，像股票波動這麼大的產品，絕對不能把所有資金一股腦的投入，因爲下場往往只有兩種，不是大賺就是大賠，而當人自得意滿時，賠錢的機率又遠高於賺錢。

因此，在我的觀念裡，寧可小賺，也不要大賠，這次少賺沒關係，下次還有賺錢機會，穩穩賺總比提心吊膽的賺，生活來得愉快許多；反觀大賠一次之後，可能傾家蕩產，要再翻身已不容易。

至於整體資產中，股票所占的比例可以到達多少？這和每個人的風險承受度大有關係。有趣的是，根據研究，投資人對風險承受度的自我認知，往往和實際行為有很大的落差。

舉個實例，年近三十歲的阿德，一直以為自己是積極型的股民，等真正進場買股票，才發現一股賺個五毛，就興奮得睡不著，一股賠個兩元，更是痛苦得失眠，一直掙扎著到底要不要停損。

像阿德這種投資金額不高，但無論賺賠都會影響生活品質的人，其實就不適合把過高的資金比重放在股市。史威杜爾在著作《不理性年代中的理性投資》裡，提出一個滿有趣的小測驗，供大家進行自我了解。

題目是：假設你有十萬美元可用於投資，你最多能損失多少錢，而不至於慌亂到影響睡眠？如果答案是兩萬元，即兩成資金，對照下表，就可找出股票在你投資組合中，所占最高比例不能超過五成；假使答案是五千元，表示願意忍受最大損失是百分之五，對照表後，顯示股票所占最高比例不能超過兩成。

股票占投資組合測驗

願意忍受最大損失（%）	股票所占最高比例（%）
5	20
10	30
15	40
20	50
25	60
30	70
35	80
40	90
45	100

諾貝爾經濟學獎得主夏普曾說：「成功的投資中，有八成是因爲資產配置！」國內外衆多研究也早已顯示，看對行情不見得賺得到錢，唯有恰當的資產配置，才能成爲市場贏家。想早早遠離財務絕境，盡快思考資產配置策略，並採取行動，是最關鍵的一環。

你做了投資健診嗎？

有位長輩投資基金大賠四成，我一看，六檔基金雖然名稱完全不一樣，但骨子裡的內涵相似，彷彿等同於買到一檔基金，根本沒有做好分散風險，我建議他隨時都要做投資健診，可從下列步驟開始。

1. **歸類商品類型**：同樣類型的基金商品，不必猛買，諸如礦業、能源、拉丁美洲等，皆屬原物料概念的基金，一次買個五到十檔意義不大，不如增加其他前景看好的基金。
2. **評比績效，汰弱留強**：中長期績效不佳者，建議贖回，可轉往適合的投資標的。
3. **依投資屬性選擇商品**：明明是保守型的投資人，就不要去買波動很大的股票或產業型基金，若真要投資，也請注意投入金額比例，切忌過重，以免虧損過高時，心臟無法負荷。

用負債式理財擺脫月光族

理財，就是理一生的財產

從小到大，我只有兩次因爲快餓昏了，不得不跟同學調頭寸，否則不輕易開口跟人借錢。一來，親兄弟明算帳，若爲了區區幾萬元，影響彼此深厚的感情，未免太不划算了；再者，借錢不是件好事，萬一把借錢當成習慣，人生大概就毀了一半。

直到步入職場後，我才發覺，像我一樣這麼「自律」的上班族，還不多見。一位同事小玉，月入五萬多，工作八年居然可以積欠卡債五十萬元，看她家境不錯，實在沒有負債的道理。了解她的生活習性才知道，她喜歡吃好的、用好的、一年出國玩三次還嫌不夠，以收入對照消費，套句台語俗諺，簡直是「沒有那個屁股，就不要吃那種瀉藥」。

我跟小玉說：「妳完全沒有理財的觀念！」她很不服氣，嘟起嘴說：「我又不懂股票和基金，要怎麼理財啊。」和小玉一樣，很多上班族都對「理財」這件事有誤解，以爲一定要運用到投資工具，才稱得上是理財，其實不然。

理財，顧名思義，就是理一生的財產，也就是當我們擁有金錢的那一刻，就需要進行現金流量的分配和管理，並控制好風險，讓生活過得更舒適。舉凡用錢、省錢、借錢等種種行爲，都算是理財。

而大眾耳熟能詳的買股票、基金、期貨和選擇權，則歸爲投資。投資的目的不外乎希望能讓錢長大，滿足人生各階段不同的需求，如：購屋、存子女教育金、退休金等等。通常，有超額利潤的投資工具，會伴隨著較高的風險，一旦選錯標的，損失可能超乎預期。

適合月光族的負債式理財法

依我觀察，台灣是個資源有限的小國，民族性敢賭、敢衝，以至於很多民眾自認投資相當有心得，卻忘了要兼顧理財的源頭。小玉不善管理錢財，永遠搞不清收支狀況，總是先花了再說，可說是理財ＩＱ完全不及格。

針對這種沒有自制力的月光族，我建議採取「負債式理財」方法，比較有機會建構屬於自己的財產。負債式理財，並不是要大家隨便刷卡、亂消費，而是去買一些未來有增值空間的產品，也就是說，現在看起來是負債購買，但隨著時間拉長、逐年繳清貸款，反倒眞實擁有了這項資產。

最符合上述條件的，非房地產莫屬了。小玉進公司沒多久就結婚，先生和她一樣都很重視生活品質，兩人月收入多達十幾萬元，卻依舊改不了「薪光幫」花錢隨性的習性，往往到了月底，戶頭就沒錢了。

小玉一直很苦惱該如何把錢留住，我先逼她定期定額買台股基金，每月扣款一萬元，後來發現成效有限，又得知夫妻倆每月房租竟要兩萬多元，便鼓吹他們乾脆買房子，總比一年繳將近三十萬元給房東，等於在幫房東打工的好。

小玉和先生商量後覺得很有道理，在跟長輩借錢湊足頭期款之後，在內湖買了中古屋，隨著捷運線的通車，房價節節高漲。但重點不在於她賺到一棟房子，而是存到一間房子，在房貸的壓力下，變得比較會精打細算，開始檢視每一筆收支，眞正學會了理財。

值得注意的是，負債式理財法的運用有個前提，就是必須確定這項產品多年後有增值的機會，就算不增值起碼也要達到保值的效果，以房市來說，地段就是決定房價的重要關鍵，買房千萬不能輕易出手，還是要精挑地點，才能在「存」到房子之後，還有意外的獲利。

以五年年薪為基準

另外，有些耐久財消費品表面上看是資產，但買進之後折舊很快，致使資產價值大幅滑落，我就不太建議使用負債式理財法，最明顯的例子就是汽車。很多人習慣用貸款買百萬名車，但汽車只要一落地，再轉手賣出，變成二手車，售價勢必直線滑落，持有越久越不值錢。

我在婚前就告訴先生這個觀念，以致婚後買車，就鎖定中古車，五年的二手車只要二十四萬元，如果是全新至少要花六十萬元，由於保養得宜，目前已經開了整整十一年，換算下來，一年平均只花了兩萬多元，比坐計程車還要划算。

假設那時就舉債買百萬名車，每月要繳的貸款壓力，一定會降低我的投資本金，在無法用錢滾錢的情況下，整體資產一定無法增值。更何況，我最反對超乎財務能力的盲目消費，根據報導，全台每個月平均約有四十位卡奴自殺，頻率之高，讓警政署一度發文給基層警員，切勿因爲自殺者有卡債，就對外宣布當事人是因卡債而自殺。

卡奴的處境確實值得同情，銀行也有浮濫發卡的疑慮，但關鍵還是在持卡人身上，倘若只想到購物時的歡喜，樂於當「閃靈刷手」，等收到帳單已後悔莫及。與其把辛苦賺來的薪水，全花在名牌包、最新最炫的3C產品，不如直接採用負債式理財法，選擇優質地段，老老實實的存下一間房子，起碼老的時候還有遮風避雨的場所。

金錢效益大不同

項目	貸款買房	貸款買車
本質	不動產	動產
貸款利率	較低	較高
未來性	保值，地段佳者會增值	折舊
額外支出	房屋稅、地價稅	燃料稅、牌照稅、停車費

不過，負債式理財也不能超乎能力範圍太多，建議以五年年薪爲基準，亦即以月薪五萬來說，最高的貸款金額不能超過三百萬元，若是雙親家庭，夫妻倆月入十萬，總貸款金額則不要超過六百萬元，如此一來，才不會造成太大的財務壓力，盡量讓債務在十至十五年之間還清。

其實理財的道理很簡單，無論是記帳、量入爲出、揪出生活中「拿鐵因子」避免不必要的開銷……等等，都需要用執行力加以貫徹。有了對的觀念，找到適合的理財方法，就應該在第一時間去落實，擺脫「月光族」並不困難。

算算看，你的負債健康嗎？

車貸、卡費、向親友借來的周轉金，想知道自己的負債狀況算不算健康？信用卡發卡組織Visa提出了一個公式，供大家參考。

先把除了房貸以外的所有負債金額加總起來，再除以每月收入，得出的數字稱為「非住屋總負債」，若是百分之十以下，表示你的財務狀況十分良好；若是落在百分之十到百分之二十之間，則表示負債還在可控制的範圍內，但仍需多留意。倘若是超過百分之二十以上，顯示財務出現了黑洞，有必要立刻開始處理債務。

非住屋總負債比例＝負債總額（房貸除外）÷每月收入

若大於百分之二十，顯示財務有大黑洞

案例：阿德每月的借貸金額，包括：卡費、向同事借款等，加起來多達一萬五千元，除以每月收入五萬元，「非住屋總負債」比率已達百分之三十，顯示財務有大漏洞。改善方法：

1. **了解負債的原因**：抓出負債原因，加以改善行為，並停止額外的消費，讓債務獲得明顯的控制。
2. **增加還債能力**：也許是兼差，或者在工作上力求表現，獲得獎金和紅利，用多一份收入來加速還債的動作。

PART 4

讓資產倍增的神奇力量

預約未來的神奇支票

解決當下問題，就離成功更近一步

把知識變實際資產

沒有不景氣，只有不爭氣

全台最神祕投資大亨教我的事

存下黃金地段的房子

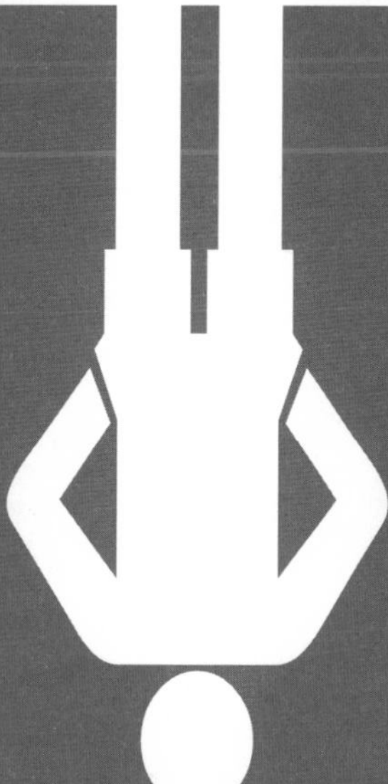

預約未來的神奇支票

《祕密》的力量

我一直相信「心想事成」的力量，而且念力越強，願望越容易實現。捐出兩億一千萬元給公益團體的大樂透頭獎得主，也是基於同樣的信念，一口氣中了九億三千七百萬元，從一介平民百姓變成億萬富豪，羨煞許多市井小民。

中樂透的確需要運氣，根據研究，人被雷打到的機率是五十萬分之一，而大樂透六碼全中的機率是一千三百九十八萬分之一，也就是說，要成爲大樂透得主的可能性，遠遠低於被雷打到，可見難度有多高。

然而，何以有人只買一張就會中獎，有人包牌包了好幾萬元，卻始終「摃龜」？也許命理老師會說，這是每個人命運不同的結果，但我認爲，心念好比一張漁網，有成就動機在前方引領，無論潮汐、海流如何變化，總能將漁網撒向對的地方，最後滿載而歸。

這位大樂透得主，顯然很懂得善用心念。根據彩券公司透露，他的太太非常喜歡閱讀，在讀了暢銷書《祕密》之後，便按照書中指示，將祈禱文寫在紙上，許了三個願望，分別是：老公生意更順利、有出國機會、中大樂透兩億元。

沒想到願望成眞，不僅中了頭獎，還比期望中的兩億元整整多了七億元。爲感謝財神爺的眷顧，這對夫妻慷慨捐款，創彩金有史以來最高單筆紀錄，並包了一百二十萬元的紅包給彩券行，也再次帶動《祕密》一書的零售量。

《祕密》的作者是澳洲電視製作人朗達．拜恩，在人生最低潮時，閱讀一本古書，發現世界偉人的共同祕密，就是「吸引力法則」，意指要先提出「要求」，讓宇宙知道你要什麼，然後改變信念，「相信」願望一定會達成，再經由持續的努力，將自己轉化爲成功的磁鐵，就會吸引成功的到來，最終心存感激的「接受」成功。

這套理論聽起來很玄，說穿了，就是強調心念的效力，比原子彈還要威猛。只要你有心，無論現況有多糟，想走出迷惘、疑惑和困頓，只要願意轉換念頭，一切都還來得及。

每天賺一萬元的目標

《祕密》中文版在台灣上市沒多久，我就在朋友的推薦下，仔細讀完，對於「金錢的祕密」這一章，看得特別入迷。爲了想體驗美夢成眞的滋味，我按照書中所提到的，用手畫了一張支票，上面寫著「每天賺一萬元」，然後把它貼在書桌牆壁上，每天一起床就盯著它看，想像自己總有一天會達成這個目標。

那時，我已在理財雜誌擔任副總編輯，月薪在普通上班族之上，但從未想過自身有每天賺一萬元的實力，既然《祕密》教我們要對金錢感覺美好，並三不五時的想像：「我是吸錢的磁鐵」「有一大筆金錢在那兒，正朝向我而來」，就乾脆訂下整數一萬元的志向吧。

說也奇怪，幾個月之後，我開始上電視通告，剛好又爆發了全球性金融危機，財經議題正熱，有時一天連趕三、四場通告，果然達到了每天賺一萬元的目標，如果再加上當天又有演講活動的話，一天的收入甚至超過社會新鮮人一個月的薪水。

這樣的鴻運當頭，是我始料未及的，在欣喜之餘，我立刻拜託先生也來仿傚，我幫他同樣用手畫了一張支票，請他寫上心中的財富數字，並在右下角簽名，以和支票產生連結。由於先生寫的金額龐大，一年半載很難達成，倒是那陣子他的工作較順遂，嘴角常常上揚，使我也分享到他的喜悅。

只要有信念就能成功

讀者也許會納悶：怎麼可能只要寫一張支票，收入立刻增加？倘若全天下的人都寫了支票，世界上豈不是沒有窮人？虛擬支票不可能有無窮的威力吧！

確實，精準來說，與其說是支票改變了我們的經濟狀況，不如說，是我們對金錢有了更大的渴望，相信藉由不斷的努力和學習，使我們更有實力獲得這般的報酬，也願意主動出擊尋找機會，絕非財神爺自動把錢送上門來。

換句話說，有了信念只是初端，隨著信念而來，想要改變自己、讓自己更好，種種力圖振作的方法和執行力，才是推進夢想前進的引擎。以我而言，財經議題廣泛，想要同時兼顧通告品質並不容易，唯有平日多研究、多涉獵、多思考，才能言之有物，引起共鳴，若只有花拳繡腿的功夫，不思精進，很快就會被觀眾淘汰。

所以我認爲，無論從事任何工作，每個人在向上提升的過程中，都可以透過這張「預約未來的神奇支票」，設定財富目標，再搭配積極的作爲，以實際的行動力落實各種擁抱錢財的計畫，財富就有機會越滾越大。

爲避免財富目標過於遙遠不易達到，我建議，在這張神奇支票上書寫的金額，初步先設定爲目前收入的一倍，等願望實現後，再逐步往上添加數字，如此不僅較有成就感，也不易中途放棄。

另外，就如同投資基金之後，必須定期檢視績效，「神奇支票」也不是寫好玩的，至少每半年要檢視一次，看看收入成長幅度是否達成進度，假設所得始終未見好轉，就要思考到底哪裡出了問題，然後再找出可行的解決方法；當然，若進度超前，恭喜你，表示即將邁入下一個階段，拿到建立更遠大財富目標的入場券。

所謂「哀莫大於心死」，有錢的祕密一點也不神祕，從源頭想，你必須對自己有信心，並自認有扭轉財富命運的本事，就像近年在美國崛起的平民理財天后蘇西·歐曼一樣，從當年月薪只有四百美元的餐廳服務生，靠著不停的自修學習股票和基金投資術，成就了十億台幣的身價。

只要有信念，所有人都可以成爲下一個蘇西·歐曼。

蘇西．歐曼從負債變富翁

蘇西．歐曼如何成為理財天后？賠光她五萬美元的理專，可說是她的「貴人」。

原來蘇西．歐曼還在餐廳當服務生時，遲遲存不到人生第一桶金，某日，跟一位熟客聊起這個無奈，對方給了她五萬美元的支票，並建議她到美林開戶，把錢交給理專打理。

沒想到，理專竟把這筆錢全投入高風險的選擇權，一夕之間化為烏有。不甘心的蘇西．歐曼轉念一想：「連賠光我的錢的人，都可以當理財顧問了，為何我不行？」就開始認真鑽研投資市場，並花了九牛二虎之力，應徵上股票經紀人。

由於她能站在客戶立場著想，提出適合的理財建議，使得客戶源源不絕，甚至後來還主持電視節目，一場演講要價八萬美元。問她有錢的祕密是什麼？她的答案總是再簡單也不過：

1. **不要隨便借貸。**
2. **存錢是最基本的理財態度。**
3. **每一筆消費都要嚴格把關。**
4. **房地產和指數型基金是最棒的投資工具。**
5. **少一點虛榮感，多一點量入為出的計畫，即使負債累累，仍有翻身的一天！**

解決當下問題，就離成功更近一步

詹姆斯．楊的故事

曾經聽過一個故事，為男主角機敏的應變能力佩服不已。

詹姆斯．楊是個果農，在美國新墨西哥山上種植蘋果，由於對自家產品深具信心，大膽採取郵寄包退的銷售方式，只要客人不滿意，他便二話不說立刻退錢。

多年來，他始終生意興隆，也鮮少收到退貨。直到有一年冬天，山上突然下起了大冰雹，把一顆顆鮮美紅潤的蘋果砸壞，表皮出現一道道傷痕，讓賣相大打折扣。他傷心欲絕，不知該冒著被退貨的風險如期出貨，還是直接把訂金退給客人。

就在詹姆斯．楊百思不得其解時，順手拿了一顆蘋果，一口咬下，哇，前所未有的香、脆、甜，口感比起昔日有過之而無不及。「如此好吃卻不好看的蘋果，若無法銷售出去，豈不是太可惜了？我到底該怎麼做，才能獲得大家的認同呢？」

幾經思索，他終於想出妙招，按照原定計畫，把蘋果裝箱寄給客戶，並隨箱附上一張紙條，上面寫著：「這些蘋果表面雖然有些斑痕，但請勿擔心，那是高山冰雹襲擊後所留下的痕跡。只有歷經這樣的氣候，才能產生香脆的蘋果，這些斑痕證明了它們生長在寒冷的高山上，非但沒影響品質，反倒產生獨特的風味。」

當顧客紛紛吃下蘋果，證實詹姆斯．楊所言不假，不僅沒人退貨，追加訂單的大有人在，因此還刺激了業績成長。而這位臨危不亂、善於解決問題的果農，後來轉戰廣告業，成了全美有名的廣告大師。

這個故事的啓示是：當問題發生時，能否找出有效的解決方法，將會導致不同的結局，甚至造成迥異的命運。如果詹姆斯．楊沒有附上這張眞誠的字條，說明事情的來龍去脈，一定會有人看到傷痕累累的蘋果就立刻決定退貨，不只影響他的收入，也直接打擊了商譽，對日後所產的蘋果都投下不信任票。

解決問題的能力比發現問題重要

在職場上，解決問題的能力比發現問題還要重要。特別是當問題接踵而來時，如果能用有限的資源，快速的處理好問題，就離成功更靠近一步。

記得有一次，老闆指派我負責年度投資理財專刊，由於當時股市已回檔兩千點，再加上市面上已有太多同類型的專刊，在缺乏天時和地利的條件下，要達到零售七成以上的高標，我並沒有太大的把握。

在請教完通路的意見之後，某日，我經過連鎖藥妝店，發現人潮洶湧，詢問之下才知道正舉辦買一送一的活動，很多民眾抱持著「買到賺到」的心態，拚命搶購，樂得店家笑開懷。我突然靈機一動：「爲什麼理財專刊不能買一送一呢？」但買一送一勢必得增加成本，也被迫帶動損益平衡點向上調升。既然手上的資源有限，這個買一送一的活動到底要如何進行，才能眞正吸引消費者呢？

不知哪來的靈感，我想到也許可以把原來一本一百頁的專刊，拆爲兩本，各爲八十頁和四十頁，分別鎖定台股和基金的主題，然後用收縮膜包起來，呈現在讀者眼前的正好是兩本的封面，如此一來，只增加二十頁的成本，卻有買一送一的錯覺，應該能在零售上有所表現。

通路聽到這個點子，深表支持。雜誌上架後，市場反應良好，銷售也在同時期的專刊裡名列前茅，總算達到了老闆的要求。回想當初如果沒有這樣的創意，只是傻傻的跟老闆說：「現在市況很糟，我評估專刊一定很難賣，您訂下的目標我恐怕很難完成……」只怕隔天起我就不用上班，乾脆回家吃自己算了。

趨勢大師大前研一說得好：「在二十一世紀，感受比知識重要！」他的意思是，在這麼發達的網路環境，求取知識十分便利，知識也因此變得很廉價，反而是如何完全了解市場、了解客戶，並培養面對困難時的解決能力，才是勝出的關鍵。

「解決問題」說起來簡單，眞的面臨時，每次情況都不一樣，也參雜不同的變數，並沒有統一的模式可以仿照。但我認爲，一個人的格局決定最終的結局，假設連解決問題的意願和念頭都沒有，遑論解決問題的能力。

當主管多年，我曾碰過各式各樣的下屬，最不能接受的一類，就是每當遇到突發狀況，連一秒鐘都不願多思考，就直接把問題丟給我：「燕俐，該怎麼辦啊？我就是不會、不懂啊，妳可以幫我嗎？」

通常，我會試探對方是眞的不會，還是「假的」不會，只想跳過問題；倘若是前者，我一定協助解決，萬一是後者，我會再給機會，並直接說明希望他自行先處理，因爲唯有透過解決問題的過程，才有機會成長，看到自己的潛能。

人非萬能，每解決一個問題，就如同增加免疫力一樣，得以提升戰鬥本領，去抵抗未來種種可能發生的障礙，距離成功的路途，將會越來越近。

炸雞排的傳奇

我在失業後的幾個月，認識了一位同病相憐的人。他原本在代書事務所上班，是位中階主管，月薪高達七、八萬元，因爲公司業績大幅滑落，突然間就失去了工作，想到還有妻兒要養，幾乎夜夜失眠，一個月就瘦了五公斤。

儘管工作難找，他還是不向命運低頭，決定創業賣起炸雞排。沒錯，一位從不下廚的白領主管，展現了強韌的生命力，從醃肉、裹粉、下鍋……每一道程序都從頭學起，就算被高溫燙傷、被刀子切到手，也從不埋怨。

「我明白每一道程序都很難，都需要專業知識，所以，我告訴自己，只要每一關我都通過，就能做出香酥可口的雞排。」他的努力不懈有了代價，位於夜市的攤位開張三個月後，居然已回收了所有機器設備的投資，開始邁向獲利之路。

代書寫下了賣炸雞排的傳奇，也揭露了一個事實——成功的人不見得最聰明或最優秀，但一定是最願意用誠懇態度解決問題的人！

利用魚骨圖找原因

我有個朋友在跨國企業擔任人資主管，遇過各種人事問題，他有句名言值得玩味：「如果你想要完成這份工作，永遠都會找到方法；如果你不想完成這份工作，永遠都會找到理由！」

為了找到對的方法解決問題，管理學裡有名的魚骨圖，有助於先釐清原因。魚骨圖由日本管理大師石川馨所發明，是一種發現問題根本原因的方法，簡單來說，一個問題的形成受很多因素所影響，透過個人思考或衆人腦力激盪，將所有原因列出來，並按相互關聯性整理而出，最重要的因素就會呼之欲出，由於圖形類似魚骨，故稱魚骨圖。

把知識變實際資產

多閱讀，不畫地自限

有一次，演講活動結束，聽衆請我開書單給他，準備要認眞研讀，加強財經知識。我洋洋灑灑先列了幾本，包括：《漫步華爾街》《一個投資者的告白》《股票作手回憶錄》《聰明買基金》，以及《投資心理學》《大亨小傳》等等。

聽到最後兩本書，這位聽衆皺起了眉頭，不解的問：「老師，我不想當心理學家啊，爲什麼要讀《投資心理學》？我對世界文學名著也沒啥興趣，看《大亨小傳》會有收穫嗎？」

我請他用另外一個角度來思考投資這件事：「如果你不了解投資市場裡的大衆心理，如何逆向思考，成爲少數的贏家？還有，如果你看不清財富的眞諦，在追逐金錢的過程中，一定會感到茫然、失落，閱讀《大亨小傳》這本書，可以帶來很多啓發。」

我不確定後來他有沒有按照書單執行讀書計畫，但依我觀察白手起家的富人們，無論學歷高低，皆有全面性的閱讀好習慣，因爲唯有不畫地自限多閱讀，並把相關資訊和知識經過整理、消化，轉化爲自己的智識，才能有效領導企業、贏得客戶信賴，進而讓資產倍增。

台灣四大會計事務所負責人之一的資誠會計事務所所長薛明玲，就是最好的例子。曾有媒體問他：「何以深受客戶喜愛？彷彿什麼疑難雜症都難不倒你？」他給了個精闢的答案：「就是多讀書啊，面對客戶才有料。」

薛所長記得剛入行時，不管客戶問什麼，他都能把法條倒背如流，一字不差的講述出來，正當他引以爲傲時，卻有大老闆挑明了說：「薛大會計師，你眞的很專業，你講的也都對，可惜沒幾個人聽得懂。」

頓時，他有如被潑了冷水，思緒豁然開朗，體會到身爲一個優秀的會計師，不僅要想辦法把專業術語翻成「白話文」，讓一般人都聽得懂，同時也要在管理知識上多下功夫，協助這些企業主提升管理績效，而不是整天只會談會計原則和損益表。

「和這些老闆對話，你要設法提升到CEO talk的層次！」意即除了幫客戶解決會計難題之外，有什麼最新的財經政策、產業趨勢和管理方法，都可以彼此交換意見，激發出新的想法，這些訊息和知識的來源，就來自於平日閱讀的累積。

飽覽群書是拓展視野的維他命

飽覽群書是專業經理人拓展視野的維他命，更是談話性節目主持人加強談話深度的不二法門。在沒有上電視通告之前，我常覺得奇怪：爲何這些主持人什麼主題都懂，從財經到政治、兩性、社會、影劇，什麼都能聊，也未免太強了吧？

直到我自己當了來賓，才發覺其中有玄機。玄機一是製作單位的腳本寫得好，提供了完整的素材，包括：事件發展背景、重要數據、可討論的角度等等，讓主持人有參考的依據，能在錄影現場侃侃而談。

玄機二，主持人本身的特殊觀點，讓節目生色不少，藉由和來賓的對話，表達了對事件的看法，避免成爲一位完全「照本宣科」的主持人，而這樣的特殊觀點，絕對無法臨時抱佛腳，必須仰賴平日大量吸收各種資訊，以維持談話的深度和廣度。

素有「台灣歐普拉」之稱的名主持人于美人，便是靠著隨時隨地的閱讀功力，廣納各種材料，以至於不同的議題都能輕鬆暢談，即使手上已有好幾個帶狀節目，收視率始終保持長紅不墜。

我曾注意到，工作繁忙的美人姐，為了閱讀，連化妝時間也不放過，有別於其他大牌主持人總會在梳妝時，緊盯著化妝師的每一個動作，美人姐卻十分專注的看著手上的書，也許是小說，也許是散文，讓旁人都不好意思打擾。

有一次，她還送現場來賓一人一本笑話大全，說是「要讓我們開心！」看看裡面有些無厘頭的笑話，眞的使人噴飯，也不禁大笑三聲，心情跟著飛揚起來，但對美人姐而言，收集這些笑話只是基本功，目的是適時娛樂觀衆，達到收視效果，更別說平日閱讀各領域書籍的心得，亦能在適當的主題中有所發揮。

還有，我非常敬佩的王品集團董事長戴勝益，也是樂於閱讀、善用知識的高手。舉凡各種財經雜誌和書刊，他每天都會撥出固定時間閱讀，然後把認為有用的、值得跟主管和員工分享的文章，畫好重點，分門別類的放進資料夾中，等遇到類似問題時，再拿出來參考，思索有無恰當的解決方法，或者直接在會議中分享文章的觀點，作爲教育訓練。

將閱讀當成生活裡的好習慣

整理資訊不是一件簡單的事，特別是像我這種很愛買雜誌、讀雜誌的人，看完之後放在書架上，厚厚的一疊，臨時想起什麼資料，要找都得費上一番工夫。戴董聽完我的苦惱就說：「很簡單啊，就把你覺得重要的文章，直接隨手撕起來，回到辦公室再依照類別，放進所屬的資料夾，剩下沒用的資訊全都丟了，才稱得上是有效率的整理。」

原本我是個捨不得丟雜誌的人，聽戴董這麼一說，便開始仿照，幾個月下來，發現辦公室櫃子不再凌亂，還有多出的空間可以運用，臨時想到之前看過的文章可以參考，也不必東翻西倒，立刻就能搜尋到，少了許多時間成本。

另外，我還有個好習慣，就是閱讀書報時，遇有重大的經濟數據，一定立刻抄在筆記本上，一來，在抄寫的過程中，能加強對此數據的印象，掌握它在當日財經新聞的份量，以決定能否再繼續追蹤，擴大成爲新的專題；再者，對於電視台臨時發出的通告，才能引經據典，表現游刃有餘。

我常覺得「書到用時方恨少」這句話說得一點也沒錯，但平凡如你我，怎能確定什麼書將來一定會派上用場？不如就將閱讀當成生活裡的好習慣，跟吃飯、刷牙一樣，每天撥出半小時，補充腦力的維生素，它自會幫你打通經脈、活絡氣血，在爲人處事和專業知識上高人一等。

如何讀通一本書？

同樣閱讀一本書，為何有人能心領神會、舉一反三，有人卻難以消化、百思不得其解？除了跟每個人的智慧、經驗有關外，也牽涉到懂不懂得有效閱讀。心理學上把人類的閱讀分為以下四個層次：

1. **訊息**：就是只把自己當一台閱讀的機器，讀過了這則訊息，卻也快速忘記，完全沒有學習起來，有讀跟沒有讀差別不大。
2. **知識**：從閱讀中能獲取新的知識，或現學現賣，直接把重點轉述出來。
3. **概念**：把書中要點和自身經驗與過去所學連結起來，達到所謂的「融會貫通」，此階段已稱得上真正的學習到了。
4. **內化**：將閱讀所得的概念，經過深入的分析或了解，能夠自行靈活運用、解決實際發生的問題，讓書中的學問化為有用的武器。

想要讀通一本書，第二層次只是基礎，第三層次為進階，第四層次才是真功夫。

沒有不景氣，只有不爭氣

銷售天后戴明珠

我還在學生時代，就認識了現在房仲業口耳相傳的「銷售天后」戴明珠。

那時，對她沒有特別深刻的印象，只覺得她舉止嫻雅，在一堆聒噪的同學裡，顯得特別安靜。畢業後幾年，聽說她離開了聯電，嫌原本的祕書工作整天只要key資料、接電話太無聊，便不顧家人反對，執意轉戰房仲業，賣起房屋。

這樣的轉變讓人吃驚，因為論社交能力，她絕非口若懸河型的人；論資歷，她對房產和業務一片空白；再論專業，她學的是法文，和銷售完全搭不上關係。唯一具正面加分效果的，只剩下年輕（時值二十四歲），及清秀的外貌。

幾年後，得知她業績不錯，替她感到高興。又過沒幾年，報紙上突然開始出現了她的報導，包括：「不應酬的超級業務，半年可以賣掉十八億元的廠辦大樓」

「不畏景氣寒冬，賣豪宅和賣廠辦一樣嚇嚇叫！」才驚覺她早已不是當年那個在試用期被列入fired名單的菜鳥，已堅強的走出一條康莊大道。

二〇〇七年中，我請同事邀約她接受專訪，談談成功祕訣。碰面當天，我發現即使多年不見，她的人格特質依舊沒變，說話精簡有力，卻少了一般業務員的長袖善舞；一頭長髮飄逸，臉部線條並未同等柔和，反倒透露出堅毅的氣息。

「我應該算是認眞型的吧！」戴明珠開門見山就說，一九九二年進入遠雄服務時，房市景氣從高峰崩跌，市況慘澹，高單價的廠辦特別難賣，就連同事也不看好她，但她不想輕易放棄，在孤立無援的情況下，只好不停的打電話、開發新客戶。

由於她對客戶直率、講重點、不強迫推銷，入行三個月就成交三個大案，令所有人都刮目相看。「會購買廠辦的客戶，都有經營上的需求，時間對他們來說特別寶貴，簡報時，只要能找到三到五個物件的優勢，就比較能打動客戶的心。」

也就是說，戴明珠絕不會拿著制式的資料，向所有客戶做同樣的簡報，而會事先事前做好功課，針對客戶獨特的需求，進行簡明扼要的說明。「我從來不跟客戶交際應酬，逢年過節也不送禮！」因爲她認爲客戶和業務員的立場是平等的，唯有介紹好的物件，讓客戶賺錢，就會贏得對方的信賴，不必靠請客喝酒搏感情。

最難能可貴的是，她有句名言：「我絕不靠景氣吃飯！」因爲她認爲景氣原本就有波動，景氣好時，自然有利於銷售成績，景氣不好，卻是看出業務員實力的關鍵時刻。她奉行「沒有不景氣、只有不爭氣」的道理，已連續三年蟬聯公司的銷售冠軍，入行十六年，更創下個人銷售一百億的輝煌紀錄，荷包也賺得滿滿，連退休金都準備好了。

戴明珠的故事告訴我們，景氣差，絕對不是藉口，如果每天一睜開眼睛，就擔心業績受景氣影響、工作可能不保，就無法集中精神，把全副心力放在提升「銷售力」；相反的，不畏懼惡劣的景氣，按部就班去執行，爭取每一個可能的機會，就算最後業績不如預期，至少內心坦然，也對得起自己和公司。

轉戰業務員的明星經理人官大煊

嚴格來說，我並未做過業務，學生時代的打工經驗僅供參考而已，當台股從二〇〇八年五月一路狂跌時，我所負責的財經雜誌銷售量，也如溜滑梯般的快速下滑。我知道這是難以抗拒的全球趨勢，但我不能坐以待斃，每天都在苦思是否有更好的解決方案，可以提振銷售量，包括：調整報導內容、加強防禦型投資標的；提供贈品、刺激買氣等等。

儘管成效有限，但在整個過程中，我和我的團隊學會了深層思考，藉由用不同的銷售策略，來進一步掌握可行的零售方案，這種快速有效累積經驗值的方式，非課堂上所能學到，也非前輩所能指點。

「眼睛只能看到前方，眼光卻能看到未來！」活在不景氣的年代，抱怨並不能帶來任何好處，反而是把眼光放遠一點，想一想未來幾年要在工作上達成什麼樣的目標，然後擬定具體計畫，賣力且爭氣的去做，一定會有意想不到的收穫。

我的台大學長、曾和我待過同一家公司的官大煊，亦是「爭氣」的另一個典型代表。他曾連續三年獲得冠軍基金經理人的頭銜，也幫不少上市上櫃公司代操股票，數年前，在衆人一片驚訝聲中，跨行轉入保險業，一切從零開始。

放棄明星經理人的光環，官大煊身段更柔軟，除了先前所打下的金融圈人脈，也試著進行陌生拜訪。有一回跟他聚餐，小心翼翼的問：「從操盤人變業務員，還習慣嗎？」只見他笑了起來，開心的說：「這個工作太好了，時間彈性，也不用每天跟股價奮戰，感覺上我可以多活幾年。」主管爲了讓他成爲「稱職」的業務員，還從細節教導，像是袖口要如何燙直、拿筆給客戶簽名時要用何種姿勢……

正擔心他會不會水土不服時，卻從昔日同事那裡聽到了好消息：「聽說官副總才做滿一年，收入已比前一份工作還多兩倍多！」天啊，兩倍多，果然是優秀業務員才能在短期內拚出的數字。

金融海嘯發生後，我找他閒聊：「現在保單應該不好賣吧？有沒有受到影響？」學長還是老神在在的模樣：「說沒影響是騙人的，可是自己要爭氣啊！剛好趁這個時機幫客戶進行資產總體檢，重建客戶的信心，客戶日後有需求，還是會先想到我。」

說得眞好，靠山山會倒，靠人人會老，靠自己最可靠。想要搶救失業、搶救前途、搶救荷包，唯有靠自己爭氣，才能度過難關；當難關一一解決，就是資產倍增時刻的來臨了。

Top Sales的成功方程式

博恩．崔西是全球知名的演說家，不僅是四百萬人追隨的心靈導師，更曾讓巴菲特、比爾．蓋茲、戴爾電腦創辦人戴爾等人，都乖乖坐在台下聆聽，想知道這個高中都沒有畢業的中輟生，是如何成為業務天王，坐擁達億萬資產。

博恩．崔西認為，要當上Top One的超業，除了要跟優秀的前輩學習，善用方法之外，還需要具備兩大條件：

1. **正面的心靈能量**：「當你對自己和產品服務有正面且樂觀的評價時，就會散播出一種積極的能量，接著得到業績領先、受人推崇，以及不斷創造銷售量的連鎖反應。」他相信，一切從「心」出發，愛產品、愛自己，就會得到不一樣的成果。
2. **橫越心中的撒哈拉沙漠**：他很喜歡旅行，早在年輕時代，就以克難的方式，只花三百美元就橫跨三大洲、四大洋，走過一萬七千英里。其中，險惡的撒哈拉沙漠讓他吃盡苦頭，也因此培養出堅忍不拔的性格。

「每個人都必須橫越心中的撒哈拉沙漠！」他說，找出你心中這輩子的撒哈拉沙漠，英勇的跨越它，就會得到人生最珍貴的禮物。

全台最神祕投資大亨教我的事

從兩萬到百億的傳奇人物

他是全台灣最神祕的投資大亨，網路上盛傳，雖然他只有初中肄業，但憑藉著一身好本領，卻能從兩萬元一路賺到七十幾億，甚至有人猜測他的身價早已累積到兩百億元。

無論是七十億或兩百億，對一般市井小民來說，都是個天文數字，也顯示金融圈對他投以敬意之外，也因爲隔著一層紗，衍生出許多臆測和想像。如此謎樣的大人物，不少媒體和投資界高層想拜訪，卻不得其門而入，我何其有幸，在二〇〇九年四月，和他聊了一整個下午。

他姓黃，姑且就稱呼他爲黃先生吧。初見黃先生，十分詫異，因爲他衣著整齊，但全身上下未見名牌，態度和善、直爽，沒有一絲傲氣，可以稱得上是「低調的富人」。

話匣子打開後，黃先生就率先說明，何以二十多年來只接受過一次專訪，也不喜歡四處拋頭露面演講。「很多人在網路上看到我的故事，以為期貨超好賺，有為者亦若是，但事實上要當一名成功的交易員，除了要懂總體經濟，認真鑽研技術圖型，就連性格也很重要，我不想讓媒體誤導，也不願一般民眾誤解。」

還有一次，一位期貨業務員透過關係找到他，兩人小聊片刻後合照，對方竟拿著這張照片四處募集資金，說是「可透過黃先生代為操作，將來報酬率一定相當可觀，不賺白不賺」，令他氣炸了。

黃先生不是個藏私的人，那天，他幾乎有問必答。他強調，要操作一個商品，必先從圖型去觀察，圖型的型態是最重要的買賣依據，而對圖型的掌握度，絕非短短幾個月能養成，必須靠長年累積、用心體會。

我曾聽一位前輩提過，黃先生年輕時為了研究圖型，連吃飯時間也不肯放過，幾乎是一邊吃飯一邊看圖型，幾乎忘了還有旁人的存在。這種專一的態度，就像是武林高手為了當上世界第一，必須廢寢忘食的練劍，然後融會貫通出一種可全面施展的真功夫，無論面對何種惡劣的環境，最後都能廝殺成功。

在他整個交易經歷中，最慘的是移居西班牙的那段日子。就算看對行情，卻還是屢屢賠錢，短短八個月，賠了將近八成的資金。他左思右想，就是找不出原因，一度嚴重失眠，彷彿一夕間武功盡失。

他強迫自己冷靜思考，找到問題原點，最後發現：「都是心理因素，當你越急著想賺錢，越不容易賺到錢，只有讓買賣的心理達到平衡狀態，才能在市場裡獲利！」重建心理之後，他從一張期貨單子做起，很快的，財富又再度翻身，再次成爲業界口中的傳奇人物。

好學加上獨特的人格特質

有位期貨公司董事長曾親口跟我說過：「在台灣，靠期貨眞正賺到大錢的，只有兩個人，其中一位就是黃先生。」也有香港期貨商統計過，在幾千名的客戶中，稱得上是大贏家的，也只有兩位，黃先生亦是其中一人。

依我觀察，黃先生之所以能夠成功，絕非偶然，有兩大成功要件。第一，好學，肯投入大量時間，做足功課，且還不以此自滿；第二，獨特的人格特質，讓他願意忍受孤獨，長期一個人在家精研、思考，也不以爲苦。

來自一個破產家庭，黃先生讀到初二，就因繳不出學費，而被迫打零工賺錢。直到北上從事布料生意，才開始接觸股票，並隨著股市邁入空頭，轉戰期貨市場。儘管學歷不高，卻能處處看出他的好學。

在言談之間，舉凡總經和商品的專業術語，他皆能用英文流利表達，而難懂的總經知識，他笑著解釋：「就從看《工商時報》和《經濟日報》的社論著手啊，社論看久了，再加上常關心全球經濟情勢，就會變得相當有概念。」

至於獨特的人格特質，他的比喻就更妙了：「一個成熟的交易員，就像是個孤獨劍客，越孤單越好；我也很少出門，都躲在家裡做研究，瑣事都交給老婆處理，因爲我需要的是寧靜、不受干擾的環境。」

所以，他不喜歡和其他業界人士交換對行情的看法，並非孤僻傲慢，而是擔心聽了別人的見解之後，會影響原來的看法。他認爲，與其一天到晚汲汲營營同業的意見，不如自己仔細思量，按照既定的步伐去進行交易，做錯了，就修正，做對了，也不自誇，朝著目標繼續挺進。

相較於其他我曾接觸過的投資名師，黃先生將資產配置的精神發揮得淋漓盡致，以至於歷經幾次大風大浪，在詭譎多變的期貨市場裡衝刺，依舊可以保有高額資產。關鍵就在於，他把部分的獲利所得拿去投資房地產，讓財富不會瞬間蒸發。

「每次賺了大錢之後，我會保留十分之九的所得，只拿出十分之一當做資本，繼續去做單，好處是，萬一十分之一全賠光，也不感到有壓力，還有東山再起的機會；剩下的錢，我會視情況投資不動產，畢竟房產是對抗通膨最佳的投資工具。」

對於不少上班族、年輕人想成爲像他這般的「期貨天王」，他提出中肯的建議：「進入期貨市場，是一條既漫長又艱辛的路，如果沒有吃苦的能耐，千萬不要輕易嘗試，而且現代年輕人對期貨有太多不正確的幻想，我一點都不鼓勵！」

一整個下午的諄諄教誨，讓我如獲至寶。從黃先生身上，我看到了一個偉大交易員的眞誠和執著，他也希望我發揮媒體人的力量，告誡世人：要成爲期貨市場的勝利者，絕非期貨商廣告裡所勾勒出的美好世界，假使沒有認清賠錢容易、賺錢不易的市場本質，隨便投入，賠錢事小，搞到妻離子散就已無法挽回。

優秀交易員的九大共通點

「『纏鬥力』是一名成功交易員必備的特質！」黃先生說，不少人透過各種關係，希望能成為他的弟子，但他發現，沒有吃過苦的人，戰鬥的意志力比較薄弱，不適合做單，以至於稍微遇到一點挫折，就打起了退堂鼓，更遑論成為市場贏家。

除了纏鬥力之外，《金融怪傑》一書的作者傑克·史瓦格，訪問許多當代傑出的交易員之後，歸納出優秀的交易員幾乎都具備以下九大共通點：

1. **強烈的成功欲望**
2. **對自己的操作深具信心**
3. **重視交易和生活中的種種紀律**
4. **投入大量時間研究**
5. **嚴格控制風險**
6. **耐心等待正確的交易機會**
7. **與群眾反向思考**
8. **了解虧損是交易的一部分**
9. **熱愛自己的交易工作**

傑克·史瓦格還發現，這些交易員都不認為技術或知識是致勝的關鍵，反而是人格特質的部分，決定了能否在市場上存活下來，和黃先生的觀點不謀而合。

存下黃金地段的房子

只要有閒錢，就拿去買房子

談到退休，年輕人覺得遙遠，中年人卻又感到上有高堂老母、下有妻兒要養，實在不敢妄想可以快樂退休。幾年前，我認識了一位長輩老陳，年輕時代雖然是靠著修腳踏車爲生，但藉由「存黃金地段房子」的方法，退休後月入近二十萬元，比念到碩士的兒子和媳婦還要多好幾倍。

老陳爲人很客氣，平常和大夥一起用餐也非常簡約，未見豪氣。有一天，我去他家玩，看到那輛價值百萬的BMW重型機車，以及兩百多萬的奧迪名車，不禁開始想像：這位年過七十的長者，穿上皮衣、戴上皮手套，邊騎重機邊哼歌曲的模樣，一定帥呆了！

何以老陳的退休生活如此輕鬆愜意？經由旁敲側擊，我發現，他掌握了「存黃金地段房子」的重要觀念，以至於累積了數千萬元的資產，不僅擺脫早年的貧窮命運，也拉開了和同儕之間的財富地位。

老陳不懂什麼叫做投資理財，也不敢碰股票和基金，只知道「有土斯有財」，有了房子之後，就能安身立命，老的時候，還可以傳給下一代，資產不會不見。所以，年輕時，儘管工作辛苦、收入不多，但他和老婆發願：「只要手上有閒錢，就拿去買房子。」

就這樣，老陳修腳踏車、老婆幫人做美容，存到第一筆錢之後，就拿去買房。由於時值台灣經濟起飛，沒幾年，老陳把這棟房子賣掉，大賺五成以上，也嘗到了「買屋獲利」的甜美滋味。

把買房子當成儲蓄的一種方式

老陳相當珍惜這第一筆財富，把賺來的錢，去買了第二間房子，剩下的則存下來。過沒幾年，工作又攢了一筆錢，加上既有存款，再買一間。如此周而復始，只要有人來看屋出價，獲利超過兩成以上，他就出脫，再布局其他還有漲相的物件，到了六十五歲退休那年，他手上竟有七棟房子，其中包括兩間店面。

老陳不是房市專家，無法精準拿捏進場點，以至於買進之後，套牢個幾年，是常有的事，但他很有耐心，深信「只要地段好，多頭行情來臨，房價一定大漲；就算空頭到了，房價也會相對抗跌」的投資金律，歷經景氣多空循環後，長年下來，獲利相當可觀。

現在他最開心的一件事，就是每月月初去收房租，讓七間「啞巴兒子」養他，在經濟上完全獨立，不必靠兩個兒子奉養。空閒時，就找來仲介業者，帶他去看看還有哪些房子值得投資。

不同於一般短進短出的投機客，老陳投資房市，就是想安穩的累積財富，讓晚年生活無虞，因此，買進之後，一放就長達五年以上，也因爲是基於「存房子」的心態，把買房子當成儲蓄的一種方式，不急著獲利，才能花較長的時間，挑出具增值潛力的標的。

房地產變現性低，但風險也較小

我認為，房地產是對抗通膨的絕佳投資工具，放眼國際，許多富豪皆從房市起家，像是大家耳熟能詳的美國地產大亨川普，還有出身農家，從營建公司工頭到後來成為開發商，創辦碧桂園的楊國強，身價也三級跳，一度榮登大陸首富，連女兒楊惠妍也拜父親之賜，成為大陸知名的女富豪。

一般民眾在收入不豐的情況下，很難介入資金門檻高的營造業，倒是從中古屋切入，賺錢機會比較多。特別是工作多年後，累積了一筆錢，足以當做購屋的頭期款，就可以用「養屋」的方式，鎖定幾個黃金地段長期投資，經過二十年，要讓資產再倍增，並非遙不可及。

儘管房地產的立即變現性低，但和其他投資工具對照下，風險也較小。房仲業者崔姐的故事，足以說明一切。

崔姐稱得上是Pro級的房市高手，過去五年，靠著仲介佣金和買賣物件賺取價差，大約賺進四千多萬元，正當眾人投以羨慕的眼光，說她再工作個幾年，拚個

「一億人生」，就可以退休時，她卻難過的宣布：「短短半年，四千多萬元全沒了！眞的是南柯一夢啊！」

大家七嘴八舌的問她究竟發生了什麼事，她才娓娓道來：「我眞是太貪心了，以爲賺完房市去賺股市，資金上銜接得很好，子彈也更充裕，可以大賺一票，便在去年五二〇總統就職前大力買進，沒料到，進場沒多久，台股一路重挫，我的資金也跟著大幅縮水，最後血本無歸。」

崔姐講這段話時，口氣非常平靜，但我相信，四千多萬元不是個小數目，瞬間盡失，是個多大的打擊。怪不得她最後下了個結論：「平常沒有研究股票的人，不要隨便做股票；就算做足研究才投入，風險還是很大，一不小心買錯，還可能變成壁紙，不如投資房地產，就算房價不漲，起碼房子也不會驟然消失。」

這個血淋淋的教訓，凸顯了不同的投資工具，背後所潛藏不一樣的風險。股票帶來的財富很快，卻也可能因突發的利空，或有心人刻意倒貨，造成股價重挫，而搞得散戶家破人亡。房市帶來的財富慢，卻不用擔心資產像是坐雲霄飛車，暴起又暴跌。

精選地段和物件，長期持有

投資房地產，我並不建議一般民衆採用投機客的作法，短線立刻進出，因爲只要房價一回檔，手上賣不掉的房子將形成龐大的資金壓力，逼得人喘不過氣來，不如向老陳看齊，精選地段和物件，長期持有。

地段之於房價，就好比血液之於人體，是最重要的命脈。地段幾乎決定了一半左右的房價，想要買到發財屋，精挑地段，絕對是不二法門。倘若地段佳，但物件本身的賣相不佳，像是：樓梯間髒亂、建材老舊等等，反而是加分，經過一番整理之後，再轉手更有利潤可圖。

至於房屋總價合不合理、還有沒有殺價空間，就必須仰賴平日多收集資料，跟老陳一樣多看屋，必然能比較出個心得，買在相對合理的價位。

三大原則讓你挑到好地段

任誰都想買到發財屋，該怎麼選地段呢？請掌握以下基本原則：

1. **買在重大建設完工前一、兩年**：重大建設（如捷運）越接近完工階段，房價越看漲。聰明的投資人應提前布局，避開炒作期，以免買不下手。
2. **具都更潛力的舊公寓和大樓**：都更之後，屋主不但能分到新屋，能還視土地持份比例的多寡，多分幾間。新屋的房價貴，分配到越多，財富累積的效果越驚人。
3. **生活機能佳的區域**：有捷運加持的中古屋，房價相對有支撐。明星學區附近的房子，也很搶手。若又是三鐵共構，交通機能完善，在多頭時代，就更具炒作題材。

《後記》

失業帶給我最「美好」的經驗

這一年來，我歷經了職業生涯裡最美好的失敗經驗。

所謂「失敗」，指的是原本服務的公司業務縮編，讓我一夕之間丟了飯碗。向來視工作如命、不肯輕易服輸的我，望著人事部門開出的「資遣證明單」，百感交集，從未想到歷來掌握部屬考績生殺大權，竟在轉眼間，就被老闆開除了！

不過，我只哭泣了一個晚上，隔天就去日月潭度假兩天，回家後，就開始思考接下來該怎麼做。我擬定了非常多的計畫，也帶著滿滿的鬥志，向各界遞出我的合作計畫書。

有人表達濃厚的興趣，卻又推說「沒有預算」「景氣很差，一動不如一靜」，也有人連理都不理，就直接請我找別人談。總之，我碰了不少軟釘子。但我始終堅信「上帝爲你關了一道門，必會開啓另外一扇窗」，在沒有眞正走到絕境之前，我就是不要放棄！請容許我用句粗俗的話形容：「他媽的，就算是戰死在沙場上，我也要知道自己是怎麼死的！」

後來，很幸運的，我開了一間小小的公司，也和幾家上市櫃企業合作，出版了財經書刊。

失去了大公司高階主管的光環，一個人出來在市場上混，壓力著實不小。但我心中有個信念：凡事禍福相倚，有失，也必定有得。除了熟悉的平面媒體之外，我也嘗試在電視和廣播界發展，儘管前方未知路途迢迢，但藉此激發出潛藏的潛能，倒也是另一種收穫。

而讓我最驚喜，被視爲失業所帶來最「美好」的經驗，就是我已把「挫敗」當做家常便飯，不再嚴苛怪罪自己不夠努力，算是救贖了那個極度自我要求的靈魂。

明明跟客戶簽的是一年長約，客戶說變就變，合約頓時失效，我也笑笑面對，不埋怨任何人事物或時空背景，只求積極去開發下一個客戶；明明談妥合作模式，卻又殺出程咬金，案子被同業以低價中途攔截，我也學會自我安慰：「無緣合作，就表示不適合我家公司嘛，還有下一個更適合的案子在等著我。」

終於，我明白人生唯一不變的眞理，就是「恆常在變」的事理。正因為恆常在變，我們只能企求盡心盡力，而無法要求始終圓滿。也唯有不圓滿的人生，才讓我們更懂得謙卑、和善。

這是一本結合勵志和理財的書，我把我的故事寫出來，希望給正在職場上失志和迷惘的人，一點點鼓勵和方向。正因為我不想被擊倒，失業之後反而激發出更多能量，我不敢說我已有成就，但至少我願意轉念思考，努力開拓新的人生。如果眞能透過此書幫助更多人，我想，我此生總算對社會有那麼一點點的貢獻了。

至於我的手帕交不斷鼓吹我專寫一本投資理財書，我想這次暫且先讓大家失望，因為我認為，套句投資大師巴菲特說的話：「人的一生中，最值得投資的不是股票，也不是基金，而是一份好的工作！」在這個失業率高漲的年代，找到一份適合自己，且可以長遠發展的工作，比什麼都還重要。

The Eurasian Publishing Group
圓神出版事業機構
用心與你對話・視野無限寬廣
方智出版社
Fine Press

http://www.booklife.com.tw inquiries@mail.eurasian.com.tw

生涯智庫 093

台大第一名也會被fired？——轉念翻身的智慧

作　　者／盧燕俐
發 行 人／簡志忠
出 版 者／方智出版社股份有限公司
地　　址／台北市南京東路四段50號6樓之1
電　　話／（02）2579-6600・2579-8800・2570-3939
傳　　真／（02）2579-0338・2577-3220・2570-3636
郵撥帳號／13633081　方智出版社股份有限公司
總 編 輯／陳秋月
資深主編／賴良珠
責任編輯／黃暐勝
美術編輯／劉語彤
行銷企畫／吳幸芳・陳羽珊
印務統籌／林永潔
監　　印／高榮祥
校　　對／盧燕俐・賴良珠
排　　版／陳采淇
經 銷 商／叩應有限公司
法律顧問／圓神出版事業機構法律顧問　蕭雄淋律師
印　　刷／祥峰印刷廠
2009年10月　初版

定價 240元　ISBN 978-986-175-171-9

你本來就應該得到生命所必須給你的一切美好！
祕密，就是過去、現在和未來的一切解答。

——《The Secret 祕密》

國家圖書館出版品預行編目資料

台大第一名也會被fired？：轉念翻身的智慧／盧燕俐著. -- 初版.-- 臺北市：方智，2009.10
200 面 ；14.8×20.8公分. --（生涯智庫 ；93）

ISBN：978-986-175-171-9（平裝）
1.自我實現　2.成功法　3.理財

177.2　　98014632